세상이 변해도
배움의 즐거움은
변함없도록

시대는 빠르게 변해도
배움의 즐거움은
변함없어야 하기에

어제의 비상은
남다른 교재부터
결이 다른 콘텐츠
전에 없던 교육 플랫폼까지

변함없는 혁신으로
교육 문화 환경의 새로운 전형을
실현해왔습니다.

비상은 오늘, 다시 한번
새로운 교육 문화 환경을 실현하기 위한
또 하나의 혁신을 시작합니다.

오늘의 내가 어제의 나를 초월하고
오늘의 교육이 어제의 교육을 초월하여
배움의 즐거움을 지속하는 혁신,

바로, 메타인지 기반 완전 학습을.

상상을 실현하는 교육 문화 기업 비상

메타인지 기반 완전 학습

초월을 뜻하는 meta와 생각을 뜻하는 인지가 결합한 메타인지는
자신이 알고 모르는 것을 스스로 구분하고 학습계획을 세우도록 하는
궁극의 학습 능력입니다. 비상의 메타인지 기반 완전 학습 시스템은
잠들어 있는 메타인지를 깨워 공부를 100% 내 것으로 만들도록 합니다.

한글 내공의힘 오투 완자 개념+유형 만렙 All that 중학영어 최고득점 수학

비상교재 강의
온리원 중등에 다 있다!

오투, 개념플러스유형 등 교재 강의 듣기
비상교재 강의 7일
무제한 수강

QR 찍고
무료체험
신청!

우리 학교 교과서 맞춤 강의 듣기
학교 시험 특강
0원 무료 수강

QR 찍고
시험 특강
듣기!

과목·유형별 특강 듣고 만점 자료 다운 받기
수행평가 자료 30회
이용권

무료체험
신청하고
다운!

콕 강의 30회
무료 쿠폰

※ 박스 안을 연필 또는 샤프 펜슬로
칠하면 번호가 보입니다.

콕 쿠폰
등록하고
바로 수강!

유의 사항
1. 강의 수강 및 수행평가 자료를 받기 위해 먼저 온리원 중등 무료체험을 신청해 주시기 바랍니다.
   (휴대폰 번호 당 1회 참여 가능)
2. 온리원 중등 무료체험 신청 후 체험 안내 해피콜이 진행됩니다.(체험기기 배송비&반납비 무료)
3. 콕 강의 쿠폰은 QR코드를 통해 등록 가능하며 ID 당 1회만 가능합니다.
4. 온리원 중등 무료체험 이벤트는 체험 신청 후 인증 시(로그인 시) 혜택 제공되며 경품은 매월 변경됩니다.
5. 콕 강의 쿠폰 등록 시 혜택이 제공되며 경품은 두 달마다 변경됩니다.
6. 이벤트는 사전 예고 없이 변경 또는 중단될 수 있습니다.

문의 1588-6563 | www.only1.co.kr

Level 5

READER'S
BANK

Plant the Seeds of Love for English!

　저는 독해집의 사명이 흥미로운 지문을 통해서 독해력을 향상시키는 것이라고 생각합니다. 그리고 독해력 향상 못지않게 중요한 것이 바로 독자들의 가슴에 영어에 대한 사랑의 씨앗을 심어주는 것이라고 굳게 믿고 있습니다. 이런 이유로 저희 영어연구소에서는 독자들에게 영어에 대한 흥미와 호기심을 불어넣을 수 있는 지문을 찾기 위해 많은 노력을 했습니다.

　저희들이 심은 사랑의 씨앗들이 독자들의 가슴에서 무럭무럭 자라나서 아름다운 영어 사랑의 꽃을 피우면 얼마나 좋을까요! 먼 훗날 독자들로부터 리더스뱅크 덕분에 영어를 좋아하게 되었다는 말을 들을 수 있다면 저희들은 무한히 기쁠 것입니다.

　이 책을 만들기 위해 지난 2년간 애쓰신 분들이 많습니다. 흥미와 감동을 주는 글감을 만드느라 함께 노력한 저희 영어연구소 개발자들, 완성도 높은 지문을 위해 수많은 시간 동안 저와 머리를 맞대고 작업한 Quinn(집에 상주하는 원어민 작가), 지속적으로 교정과 편집을 해주신 Richard Pak(숙명여대 교수), 채영인 님(재미 교포 편집장) 등 모두에게 깊은 감사를 드리며, 지난 30년간 지속적으로 이 책의 클래스룸 테스팅에서 마지막 교정까지 열정적으로 도와주신 김인수 선생님께도 고맙다는 말씀 전하고 싶습니다.

리더스뱅크 저자

이 장 돌 올림

About Reader's Bank

지난 35년 동안 대한민국 1,400만 명이 넘는 학생들이 Reader's Bank 시리즈로 영어 독해를 공부하였습니다. '영어 독해서의 바이블' Reader's Bank는 학생들의 영어 학습을 효율적으로 이끌 수 있도록 끊임없이 양질의 콘텐츠를 개발할 것입니다.

1 10단계 맞춤형 독해 시스템!

Reader's Bank는 초등 수준에서 중·고등 수준까지의 다양한 독자층을 대상으로 만든 독해 시리즈입니다. Level 1~Level 10 중에서 자신의 실력에 맞는 책을 골라 차근차근 체계적으로 단계를 밟아 올라가면 자신도 모르는 사이에 점차적으로 독해 실력이 크게 향상될 것입니다.

2 흥미도 높은 지문과 양질의 문제!

Reader's Bank 시리즈는 오랜 준비 기간에 걸쳐, 유익하고 흥미로운 지문들을 엄선하여 수록하였습니다. 지문에 딸린 문제들은 기본적으로 수능 경향에 초점을 맞추었지만 내신에 많이 등장하는 문항들도 적절한 비중으로 포함시켜서, 장기적인 목표인 수능과 단기적인 목표인 내신을 모두 대비할 수 있도록 균형 있게 다루었습니다.

3 문법, 어휘 및 쓰기 실력을 키워주는 다양한 연습 문제와 QR 코드

독해 지문에 나온 어휘와 문법은 Review Test와 Workbook을 통해 복습할 수 있으며, 지문을 원어민의 음성으로 읽어주는 MP3 파일은 QR 코드 스캔 한 번으로 들을 수 있습니다.

How to Study

흥미로운 영어 지문

- 지식과 상식을 풍부하게 만드는 알찬 영어 지문으로 구성
- 설문을 통해 학생과 선생님이 관심 있는 주제로 선정
- 다수의 원어민과 오랜 경험을 가진 선생님들의 현장 검토 실시

- **난이도 별 표시 / 어휘 수**
  난이도: ★★★ 상 / ★★☆ 중 / ★☆☆ 하
  어휘 수: 지문을 구성하는 단어의 개수

- **QR 코드**
  스마트폰으로 스캔하여 생생한 원어민 음성으로 녹음한 지문 MP3 청취

- **Grammar Link**
  – 지문에서 사용한 핵심 문법을 예문으로 간결하게 정리
  – 교과서 핵심 문법으로 쉽고 빠르게 학교 시험 대비

05

Movie

★★★ / 132 words

When you watch a movie, you usually sit down, relax and enjoy the story. But new technology is changing how we watch films. Now we can interact with what we watch. The audience can decide how the story will go. Depending on the choices they make, the ending of a film can be happy or sad. They can even decide what food the characters will eat for breakfast or where they will go.

In 2018, Netflix, a famous Internet entertainment service, made a film that allows the audience to have these special experiences. In this movie, there are five different endings, and the running time can vary from forty minutes to five hours, depending on the choices the audience make. This way, the audience now have more control over what they watch.

TAKE THEM | THROW THEM OUT

Grammar Link

3/12행 | 관계대명사 what: ~하는 것
What they want to do is to take a trip. ▶ 주어
Do you believe **what he said**? ▶ 목적어
This is **what I was going to say**. ▶ 보어

what이 이끄는 명사절은 문장에서 주어, 목적어, 보어 역할을 해요.

022 | LEVEL 5

English Only

영어 문제와 단어 영영 풀이

Review Test

Unit 마무리 어휘·문법 문제

Word Hunter

흥미로운 단어 퍼즐

Laugh & Think

위트가 넘치는 만화

정답과 해설 P.08

1 (서술형)
이 글의 밑줄 친 these special experiences가 의미하는 구체적인 내용을 우리말로 쓰시오.

2 이 글에 소개된 영화의 내용과 일치하면 T, 일치하지 않으면 F를 쓰시오.

(1) _____ The audience's decision can influence the ending of the film.

(2) _____ The audience can choose the main characters of a film.

(3) _____ The running time of the movie can vary.

3 이 글을 다음과 같이 요약할 때, 빈칸 (A), (B)에 들어갈 말이 바르게 짝지어진 것은?

In an interactive movie, the __(A)__ can change the __(B)__ of the movie.

	(A)		(B)
①	audience	·····	story
②	audience	·····	technology
③	characters	·····	story
④	characters	·····	ending
⑤	director	·····	audience

4 G
다음 우리말과 일치하도록 빈칸에 알맞은 말을 쓰시오.

내가 가장 원하는 것은 휴식을 취하는 것이다.

_____ I want most is to take a rest.

Did You Know?

인터랙티브 영화
(Interactive Film)

인터랙티브 영화는 일방적으로 보는 기존 영화와는 달리 시청자의 선택에 따라 인물의 행동, 줄거리, 결말이 달라지는 쌍방향 영화를 말한다. 시청자가 리모컨이나 마우스를 이용해 선택을 하면서 스토리를 만들어 갈 수 있다. 인터랙티브 영화에서는 시청자가 극중 상황에 직접 참여하게 되므로 몰입도가 높아지고 능동적으로 영상을 즐길 수 있다.

Words

relax 긴장을 풀다
technology (과학) 기술
film 영화
interact 상호작용을 하다
cf. interactive 상호작용을 하는
audience 관객, 시청자
depending on ~에 따라
choice 선택
cf. make a choice, choose 선택하다
ending 결말
character (책·영화 등의) 등장인물
entertainment (영화·음악 등의) 오락(물)
allow ~ to ... ~가 ...할 수 있게 하다; ~에게 ...하도록 허락하다
experience 경험
running time 상영 시간
vary 달라지다; 다르다, 다양하다
have control over ~을 제어[통제]하다
좋 2. main character 주인공
3. director 감독

UNIT 02 | 023

핵심을 찌르는 다양한 문제

- 지문 이해에 꼭 필요한 다양한 유형의 문제들로 구성

- **서술형 내신 문제** (서술형)
  주관식, 도식화, 서술형 등 다양한 유형의 문제로 내신 대비

- **어휘 문제** W
  중요 어휘에 관한 문제

- **문법 문제** G
  Grammar Link에서 익힌 문법을 문제를 통해 확인

- **Did You Know?**
  지문 내용과 함께 알아두면 좋은 흥미진진한 배경지식

- **Words**
  지문 속 주요 단어와 표현 정리

책 속의 책

정답과 해설

친절한 해설, 지문 끊어읽기, 구문 풀이

Workbook

단어 정리와 지문 해석 연습

단어장

지문별 주요 단어 정리 및 우리말 발음 제시

Contents

Contents

"Most of the important things in the world have been accomplished by people who have kept on trying when there seemed to be no hope at all."

세상의 중요한 업적 중 대부분은, 희망이 보이지 않는 상황에서도
끊임없이 도전한 사람들이 이룬 것이다.

— **Dale Carnegie** (데일 카네기)

Robots have started to take many human jobs. Some people even worry that robots will replace artists. <u>This worry</u> may be coming true. 　　　　　　3

Teo Tronico is an amazing pianist. He can play with 53 fingers. He can play 800 songs without looking at music notes. But he is just a robot. Teo has learned about 100 piano techniques, 　6 including controlling volume and speed, and plays every note correctly.

When Teo visited Korea in May of 2016, he gave an amazing 　9 performance. He even talked to audiences. The responses were mixed: some enjoyed it, others didn't. Those who didn't enjoy it said, "We cannot feel an emotional connection to robots. We 　12 prefer music played by real people."

Grammar Link

11행 | some ~, others ...: 일부는 ～이고, 또 다른 일부는 …이다

Many people enjoy sports. **Some** like soccer, and **others** like baseball.

Some thought the food was great, but **others** didn't.

cf. There are many balloons in the sky. **Some** are red, and **the others** are blue.
하늘에는 많은 풍선들이 있다. 일부는 빨간 색이고 나머지 모두는 파란 색이다.

> 남아있는 것 모두를 가리킬 때는 others 대신 the others를 써요.

1 이 글의 제목으로 가장 적절한 것은?

① Jobs That Robots Cannot Replace

② A Robot's Successful Performance

③ Teo Tronico: An Amazing Robot Pianist

④ Audience Responses to Robot Performances

⑤ Emotional Connections Between Robots and Humans

2 Teo Tronico에 대한 설명 중, 이 글의 내용과 일치하지 <u>않는</u> 것은?

① 청중에게 얘기할 수 있다.

② 음량과 속도를 조절할 수 있다.

③ 다양한 피아노 기법을 구사한다.

④ 악보를 안보고도 연주할 수 있다.

⑤ 청중 모두와 정서적 교감을 할 수 있다.

(서술형)

3 이 글의 밑줄 친 <u>This worry</u>가 의미하는 내용을 우리말로 쓰시오.

Ⓖ

4 다음 우리말과 일치하도록 빈칸에 알맞은 말을 쓰시오.

공원에는 많은 사람들이 있다. 일부는 산책을 하고 있고, 또 다른 일부는 잔디밭에서 책을 읽고 있다.

There are a lot of people in the park. _____ are taking a walk, and _____ are reading books on the grass.

02

Body

★☆☆ / 125 words

Are you sometimes tired and sleepy in the early afternoon? If so, you are not alone. Many people feel the same way after lunch. They may think that eating lunch makes them feel sleepy. Or, in the summer, they may think it is due to the heat. (ⓐ) In the early afternoon—about eight hours after you wake up—your body temperature goes down. (ⓑ) This makes you slow down and feel sleepy. (ⓒ) Scientists tested sleep habits in situations where there was no night or day. (ⓓ) Almost all the people in these situations followed a similar sleeping pattern. (ⓔ) They slept for one long period and then for one short period about eight hours later.

Grammar Link

7행 | **관계부사 where: ~한 경우/상황, ~한 곳(장소)**

This is a situation **where** I need your help.
(= in which I need your help)
이것은 너의 도움이 필요한 상황이다.

Jenny visited the town **where** she was born. Jenny는 그녀가 태어난 마을을 방문했다.
(= in which she was born)

The hotel **where** we stayed was very nice. 우리가 머물렀던 호텔은 매우 좋았다.
(= at which we stayed)

관계부사 where는 선행사에 따라
「in/at/on+which」 등과
바꾸어 쓸 수 있어요.

1 이 글의 흐름으로 보아, 다음 문장이 들어가기에 가장 적절한 곳은?

> However, the real reason lies inside their bodies.

① ⓐ   ② ⓑ   ③ ⓒ   ④ ⓓ   ⑤ ⓔ

2 이 글의 밑줄 친 a similar sleeping pattern이 의미하는 것으로 가장 적절한 것은?

① 낮잠을 길게 자는 것
② 점심식사 후에 잠을 자는 것
③ 하루에 8시간씩 잠을 자는 것
④ 점심식사 후 8시간 뒤에 잠을 자는 것
⑤ 기상 후 8시간 뒤에 짧게 잠을 자는 것

(서술형)

3 이 글을 한 문장으로 요약할 때, 빈칸에 들어갈 말을 본문에서 찾아 쓰시오.

> People feel sleepy in the early afternoon because of their low
> _____ _____ .

Ⓖ

4 다음 우리말과 일치하도록 괄호 안에서 알맞은 것을 고르시오.

소방차가 불이 난 빌딩으로 서둘러 갔다.

A fire truck hurried to the building (which / where) a fire took place.

Words

tired 피곤한, 피로한
feel the same way 똑같이 느끼다
due to ~ ~ 때문에
heat 열기, 더위
body temperature 체온
cf. temperature 온도, 기온
slow down 느려지다, (기력이) 약해지다
sleep habit 수면 습관, 잠버릇
situation 상황, 환경
night or day 밤낮
similar 유사한, 비슷한
pattern (정해진) 양식, 패턴
period 기간, 시기
문 4. fire truck 소방차
    take place 발생하다

03

Jobs

★★☆ / 160 words

Today, YouTube is not just a fun site for video sharing. Some people use ⓐ it as a way to make a living. They create content for YouTube as a full-time job. These people are called YouTubers. 3

If your dream is to become a YouTuber, here are some tips.

A. _____

It could be anything—pets, cooking, music or makeup. If you 6 love your topic, you won't get tired of ⓑ it even after spending a lot of energy on it.

B. _____ 9

Viewers usually decide if they like videos in less than one minute, so use interesting images and subtitles to draw their interest all at once. 12

C. _____

Your videos should be easy to understand. And pay attention to your viewers' comments. Then you can know what they like and 15 make your videos better.

You might not have success overnight, but if you follow these tips, you could become the next big YouTube star.

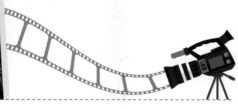

Grammar Link

10행 | **명사절 접속사 if : ~인지 아닌지**

I don't know **if(whether)** he will come. 나는 그가 올지 안 올지 모른다.
I wonder **if(whether)** the news is true. 나는 그 뉴스가 진짜인지 아닌지 궁금하다.

cf. **If** you need any help, just let me know. ▶ 부사절 접속사 if: 만일 ~이라면
만일 도움이 필요하면, 바로 내게 알려 줘.

보통 타동사 다음에 if가 오면 명사절 접속사예요. if는 whether로 바꿔 쓸 수 있어요.

1 이 글의 빈칸에 각각 알맞은 말을 보기에서 골라 번호를 쓰시오.

> ┌ 보기 ┐
> ① Catch your viewers' attention.
> ② Communicate with your audience.
> ③ Choose a topic you love.

A. _____ B. _____ C. _____

2 이 글의 목적으로 가장 적절한 것은?
① 유튜브를 이용할 때 예절을 알려주려고
② 유튜버가 되기 위한 방법을 알려주려고
③ 세계적으로 유명한 유튜버를 소개하려고
④ 유투버 시청자들과의 소통 방법을 알려주려고
⑤ 유튜버 시청자들의 관심을 얻기 위한 방법을 알려주려고

(서술형)

3 이 글의 밑줄 친 ⓐ it과 ⓑ it이 각각 가리키는 것을 본문에서 찾아 영어로 쓰시오.

ⓐ _____ ⓑ _____

(G)

4 밑줄 친 부분에 유의하여 다음 문장을 우리말로 해석하시오.

(1) I wonder if she is a true friend.

_____

(2) If you do your best, the results aren't important.

_____

Words

sharing 공유 cf. share 함께 쓰다, 공유하다
make a living 생계를 꾸리다
create 창조하다, 창작하다
content 콘텐츠; 내용
full-time job 전업, 전시간 근무의 일
tip 조언
anything 무엇이든
makeup 화장
get tired of ~에 싫증이 나다
spend A on B A(에너지, 돈, 시간, 노력 등)를 B에 쓰다
viewer 시청자
subtitle 자막
all at once 단번에, 보는 즉시
pay attention to ~에 주목하다 (유의하다)
comment 의견, 댓글; 논평, 언급
success 성공
overnight 하룻밤 사이에
follow 따르다
문 1. catch one's attention ~의 주목을 끌다 cf. attention 관심, 주목
   communicate 의사소통을 하다

Review Test

정답과 해설 p.06

[1-2] 다음 빈칸에 알맞은 단어를 고르시오.

1

> After the great _____, the audience clapped for ten minutes.

① situation   ② temperature   ③ performance   ④ comment

2

> You should change your unhealthy eating _____ for your health.

① note   ② pattern   ③ response   ④ technique

[3-4] 다음 영영 풀이에 해당하는 단어를 고르시오.

3

> make something work in the way that you want

① control   ② connect   ③ prefer   ④ follow

4

> invent or design a new object

① replace   ② include   ③ spend   ④ create

5 빈칸에 공통으로 들어가기에 알맞은 것은?

> • Give me some _____ for buying a good computer.
> • Thanks to your _____, I could solve the problem.

① success   ② tips   ③ attentions   ④ subtitles

6 다음 밑줄 친 부분에 유의하여 바르게 해석하시오.

I'm not sure if she'll come back.

_____

[7-8] 다음 우리말과 일치하도록 괄호 안에서 알맞은 것을 고르시오.

7 그 카페에서 일부는 컴퓨터를 사용하고, 또 다른 일부는 웃으며 대화를 나누고 있다.

In the cafe, some are using computers, and (other / others) are laughing and talking.

8 제가 복사기를 사용할 수 있는 도서관이 있나요?

Is there a library (which / where) I can use the copy machine?

04

Education

★★☆ / 136 words

What's the best way to study? Many people think studying alone in a quiet environment is best. However, Jewish people don't believe this. They think studying with a partner is best. In Israel, this method is called "havruta," meaning "friendship" in *Hebrew. 3

In *havruta*, students always study with a partner. They ask each other questions and discuss subjects actively. ⓐ When one person understands something, he or she explains it to the other. ⓑ When their opinions differ, they try to persuade their partner by presenting their own thoughts and reasoning. ⓒ All students need to learn the *havruta* method to become better learners. ⓓ In this way, students become aware of various viewpoints and understand their subject more deeply. ⓔ Their classrooms are often noisy. Sometimes study partners wave their hands and shout at each other! It might not work for everyone, but the people who use *havruta* seem to enjoy it. 6 9 12 15

* **Hebrew**[híːbruː] 히브리어

Grammar Link

7행 | **one ~, the other …**: 둘 중에 하나(한 명)는 ~, 나머지 하나(한 명)는 …
There are two books on the table. **One** is a novel and **the other** is a comic book.
탁자 위에 두 권의 책이 있다. 하나는 소설이고, 나머지 하나는 만화책이다.

cf. I don't like this **one**. Please show me **another**.
이것은 마음에 안 듭니다. 다른 것을 보여주세요.

> 셋 이상일 경우 one과 another를 사용해요.

1 이 글의 ⓐ~ⓔ 중, 글의 전체 흐름과 관계 <u>없는</u> 문장은?

① ⓐ   ② ⓑ   ③ ⓒ   ④ ⓓ   ⑤ ⓔ

2 *havruta*에 대한 설명 중, 이 글의 내용과 일치하지 <u>않는</u> 것은?

① 히브리어로 우정을 의미한다.
② 서로 차분하게 이야기해야 한다.
③ 서로 질문하며 열띤 토론을 한다.
④ 의견이 다를 때는 짝을 설득한다.
⑤ 자신이 아는 것을 짝에게 설명한다.

3 이 글의 내용으로 보아, 다음 빈칸 (A), (B)에 들어갈 말이 바르게 짝지어진 것은?

> In *havruta*, students talk about a subject with their ____(A)____ so they are able to ____(B)____ it more deeply.

	(A)		(B)
①	friends	.....	understand
②	teachers	.....	enjoy
③	teachers	.....	understand
④	partners	.....	enjoy
⑤	partners	.....	understand

Ⓖ

4 다음 문장의 빈칸에 들어갈 말을 보기 에서 찾아 쓰시오. (중복 사용 가능)

┌─ 보기 ─────────────────────────┐
one   another   the other
└───────────────────────────────┘

(1) I have two jackets. _____ is blue and _____ is black.

(2) These candies are delicious. I already had _____ and still want _____.

Words

alone 혼자, 홀로
environment 환경
Jewish 유대인의
method 방법
each other 서로
discuss ~에 대해 토론하다
subject 주제; 과목
actively 활발히
explain 설명하다
opinion 의견, 견해, 생각
differ 다르다
persuade 설득하다
present 나타내다, 표시하다
thought 생각, 사고
reasoning 추론, 추리
become aware of ~을 알게 되다
various 여러 가지의, 다양한
viewpoint 관점, 시각
wave 흔들다; 파도, 물결
work 효과가 있다; 일하다
seem to ~ ~처럼 보이다

05

Movie

★★★ / 132 words

When you watch a movie, you usually sit down, relax and enjoy the story. But new technology is changing how we watch films. Now we can interact with what we watch. The audience can decide ³ how the story will go. Depending on the choices they make, the ending of a film can be happy or sad. They can even decide what food the characters will eat for breakfast or where they will go. ⁶

In 2018, Netflix, a famous Internet entertainment service, made a film that allows the audience to have <u>these special experiences</u>. In this movie, there are five different endings, and the running ⁹ time can vary from forty minutes to five hours, depending on the choices the audience make. This way, the audience now have more control over what they watch.

TAKE THEM   THROW THEM OUT

Grammar Link

3/12행 | 관계대명사 **what**: ~하는 것

What they want to do is to take a trip. ▶ 주어

Do you believe **what** he said? ▶ 목적어

This is **what** I was going to say. ▶ 보어

> what이 이끄는 명사절은 문장에서 주어, 목적어, 보어 역할을 해요.

1 이 글의 밑줄 친 <u>these special experiences</u>가 의미하는 구체적인 내용을 우리말로 쓰시오.

2 이 글에 소개된 영화의 내용과 일치하면 T, 일치하지 <u>않으면</u> F를 쓰시오.

(1) _____ The audience's decision can influence the ending of the film.

(2) _____ The audience can choose the main characters of a film.

(3) _____ The running time of the movie can vary.

3 이 글을 다음과 같이 요약할 때, 빈칸 (A), (B)에 들어갈 말이 바르게 짝지어진 것은?

In an interactive movie, the ___(A)___ can change the ___(B)___ of the movie.

	(A)		(B)
①	audience	·····	story
②	audience	·····	technology
③	characters	·····	story
④	characters	·····	ending
⑤	director	·····	audience

G

4 다음 우리말과 일치하도록 빈칸에 알맞은 말을 쓰시오.

내가 가장 원하는 것은 휴식을 취하는 것이다.

_____ I want most is to take a rest.

Dear Advice Auntie,

   Recently, I met a boy at school who is kind, fun and cool. He has all the qualities I ever wanted in a boyfriend, and I think I'm falling 3 in love with him. But there's one big problem: my best friend likes him, too. I'm worried my friend will hate me if I hang out with him. Do I need to choose between love and friendship? 6

Lonely Ellie

Dear Ellie,

   Be honest with your friend. Tell her you like the boy and intend 9 to ask him out. But let her know your friendship is important, too. If she is a true friend, she will understand. But this is a two-way street. If she is _____ with you and says she also plans to 12 ask him out, you have to respect her wishes. Anyway, remember that the choice depends on him. He may not even be aware of your feelings. Wait and see how things go among the three of you. In 15 time, you will know what to do.

Advice Auntie

1 What is Ellie worried about?

① Her friend is not telling the truth.

② Her friend hates her for telling a lie.

③ The boy she likes is not interested in her.

④ She may lose her friendship because of love.

⑤ Her friend may take her love away from her.

2 What is Auntie's advice? Choose two.

① Tell your friend the truth.

② Respect your friend's opinions.

③ Ask the boy who he likes more.

④ Choose either love or friendship.

⑤ Meet the boy together with your friend.

3 Fill in the blank with a word from the passage.

4 Find the words from the passage that fit in the blanks of both sentences.

- Communication is a _____ _____ . We have to listen as much as we talk.

- Friendship is a _____ _____ . It's a give-and-take relationship.

Words

recently	최근에 / at a time that was not long ago
quality	(사람의) 자질, 성격, 인품; (물건의) 질 / a characteristic or feature of someone or something
fall in love	사랑에 빠지다 / start to love someone
hang out with	~와 시간을 보내다 / spend time with someone
intend	~하려고 생각하다 / have a plan in your mind to do something
ask someone out	데이트 신청하다 / invite someone to the movies or a restaurant, etc.
two-way street	상호적 관계, 쌍방향적 상황 / a situation in which two people or two groups of people need to work together
respect	존중하다 / show that you understand and care about someone
depend on	~에 달려 있다 / be affected by or decided by someone or something
be aware of	~을 알다, ~을 알아차리다 / know about a situation or a fact
wait and see	두고[기다려] 보다 / wait to find out what will happen
things	상황, 형편 / the general situation
in time	조만간, 결국 / after a while, in the end

Review Test

정답과 해설 p.11

1 짝지어진 단어의 관계가 나머지와 <u>다른</u> 것은?

    ① think – thought   ② choose – choice

    ③ vary – various   ④ entertain – entertainment

[2-3] 다음 빈칸에 알맞은 단어를 고르시오.

2

Since you don't know the rules of the game, I'll _____ them.

    ① explain   ② interact   ③ persuade   ④ choose

3

I _____ to study hard, but I fell asleep early in the evening.

    ① presented   ② intended   ③ controlled   ④ respected

[4-5] 다음 영영 풀이에 해당하는 단어를 고르시오.

4

give a chance for someone to do something

    ① differ   ② work   ③ relax   ④ allow

5

the way that someone thinks about a thing or a situation

    ① experience   ② subject   ③ viewpoint   ④ character

6 다음 문장의 괄호 안에서 알맞은 것을 고르시오.

The twins are so different: one is active, but (another / the other / others) is quiet.

[7-8] 다음 문장의 밑줄 친 부분을 바르게 고쳐 쓰시오.

7 He has two dogs: one is a black poodle, and <u>another</u> is a white one.

8 Before I saw the news on TV, I didn't believe <u>that</u> you said.

Word Hunter

● 주어진 영영 뜻풀이나 우리말에 해당하는 단어로 퍼즐을 완성하시오.

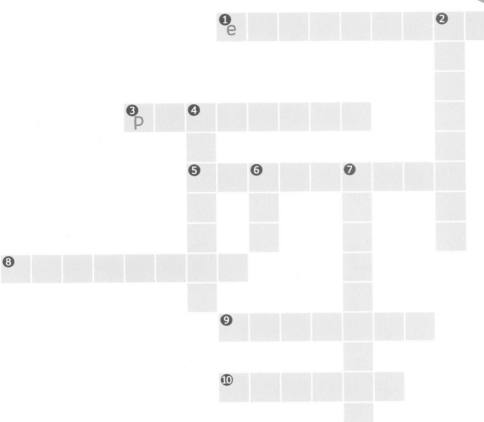

Across

❶ 정서의, 감정의

❸ cause someone to do something by giving them good reasons to do it

❺ the set of things that are happening in a particular place at a particular time

❽ communicate with and affect each other

❾ many different

❿ a special way of doing something

Down

❷ the group of people watching or listening to a play, film, concert, etc.

❹ show that you understand and care about someone

❻ useful piece of advice

❼ (과학) 기술

Love in Action

해석 **[행동하는 사랑]**

쥐: 사랑은 네가 말하는 것이 아니야. 사랑은 네가 행동하는 거야.

뱀: 이렇게?

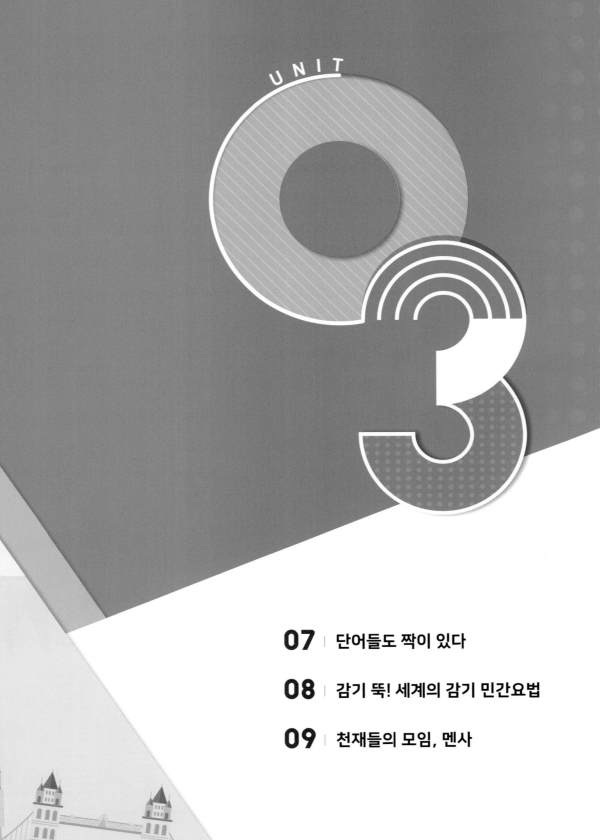

UNIT

3

07

Language

★☆☆ / 130 words

When people are in a hurry, they eat foods like hot dogs and hamburgers. These types of food have a name. Which name is right, "fast food" or "quick food?" If you chose "fast food," you're right. The expression "fast food" seems natural, but "quick food" sounds strange to native speakers. 3

However, "quick" sounds right with other words: "quick meal" or a "quick shower." Why? No one really knows for sure. It's just how native speakers say it. In the English language, most words have their own friends. _____, "fast" is a friend of "food," so these words always go together. Such "word friendships" are called "collocations." Learning collocations will help you read faster. How? Collocations allow you to predict what words will come before or after other words. 6 9 12

*collocation 연어(連語: 특정한 뜻을 나타낼 때 함께 쓰이는 단어들)

Grammar Link

8행 | 관계부사 how : ~하는 방법(=the way)

This is **how** she passed the exam. 이것이 그녀가 시험을 통과한 방법이다.
(= the way)

I don't like **how** he acts. 나는 그가 행동하는 방식이 싫다.
(= the way)

방법을 뜻하는 the way와 how는 함께 쓸 수 없고 둘 중 하나만 써야 해요. the way how(✗)

1 다음 중 이 글에서 제시한 방법으로 단어를 학습한 사람은?

① 주원: 단어를 연습장에 쓰면서 외운다.

② 태준: 비슷한 뜻의 단어들과 함께 외운다.

③ 유나: 독해를 하면서 모르는 단어를 외운다.

④ 서진: 학습한 단어를 활용하여 영작을 해 본다.

⑤ 연서: 함께 쓰이는 단어들을 한 덩어리로 묶어서 외운다.

2 collocation에 대한 이 글의 내용과 일치하면 T, 일치하지 않으면 F를 쓰시오.

(1) _____ 함께 사용해야 하는 이유가 있다.

(2) _____ 원어민들이 자연스럽게 여기는 표현이다.

(3) _____ 단짝으로 함께 사용되는 단어들을 의미한다.

3 이 글의 빈칸에 들어갈 말로 가장 적절한 것은?

① However   ② For example

③ As a result   ④ Therefore

⑤ Moreover

서술형

4 이 글의 밑줄 친 Learning collocations will help you read faster.의 이유를 우리말로 쓰시오.

Ⓖ

5 다음 우리말과 일치하도록 주어진 말을 배열하시오.

그것이 내가 문제를 푼 방법이다.

That is _____ .

(I/the problem/solved/how)

08

Culture

★★☆ / 128 words

When Americans have a cold, they drink a lot of orange juice. Then they take a hot bath and try to sleep. When the Chinese have a cold, they drink hot water. They usually mix ginger and sugar into the water. Finnish people drink onion milk. It is made by mixing milk and chopped onion together and boiling it for about 20 minutes. (ⓐ) They believe hot onion milk improves blood circulation and makes the body warm. (ⓑ) Do you know why?(ⓒ) It's because viruses that cause colds are weak in the heat. (ⓓ) However, viruses become very active when our bodies are cold. (ⓔ) That's why colds spread more easily in winter.

Grammar Link

5/6행 | 병렬 구조

He likes **fishing**, **hunting** and **playing** baseball.

We can get information **by reading** newspapers **or by searching** on the Internet.

and, but, or 등에 의해 연결되는 단어, 구, 절은 서로 같은 형태여야 해요.

1 이 글의 흐름으로 보아, 다음 문장이 들어가기에 가장 적절한 곳은?

> As you can see in the above examples, the most common cure for colds is to keep the body warm.

① ⓐ　　　② ⓑ　　　③ ⓒ　　　④ ⓓ　　　⑤ ⓔ

서술형

2 이 글의 내용과 일치하도록 빈칸 (A), (B)에 들어갈 말을 본문에서 찾아 쓰시오.

> When people have a cold, they try to make the body (A) _____ because cold viruses are (B) _____ in the heat.

3 이 글에서 언급한 감기 치료법이 <u>아닌</u> 것은?

① 수면을 취한다.
② 더운 물에 목욕한다.
③ 뜨거운 물을 마신다.
④ 운동을 해서 땀을 낸다.
⑤ 우유와 양파를 함께 끓여 마신다.

Ⓖ

4 다음 문장에서 <u>틀린</u> 부분을 찾아 바르게 고치시오.

He enjoys playing tennis and to go fishing.

_____ → _____

Words

have a cold 감기에 걸리다
take a bath 목욕하다(=bathe)
try to ~하려고 노력하다
mix 섞다, 혼합하다
ginger 생강
Finnish 핀란드(인)의
onion 양파
chopped 잘게 썬, 다진
boil 끓이다
improve 개선하다, 향상시키다
blood circulation 혈액 순환
virus 바이러스
cause ~을 일으키다
heat 열, 뜨거움; 뜨겁게 만들다
active 활발한, 활동적인
that's why 그게 바로 ~인 이유이다
spread 퍼지다
문 1. **example** 예, 사례
　　common 공통의, 흔한
　　cure 치료(법)

09

Society

★ ★ ★ / 176 words

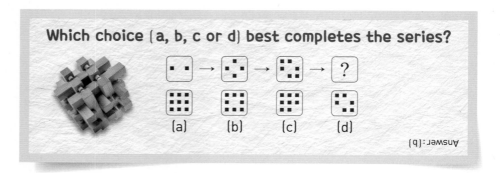

Which choice (a, b, c or d) best completes the series?

Answer: (b)

DID YOU ANSWER CORRECTLY? If so, you could join Mensa! It's the world's largest and oldest international club for geniuses. The name Mensa comes from the Latin word for "table." Around a ³ table, nobody sits higher or lower than others—everybody is _____. Mensa wanted all its members to be _____, so it chose "mensa" for its name. People of any race, nationality, age ⁶ or social background can join Mensa. There are around 134,000 members in 100 countries throughout the world in 2019. There are 2,400 members in South Korea, which ranks eighth in the world. ⁹

ⓐ Members have just one thing in common: high intelligence. ⓑ Anyone with an IQ in the top two percent of the population can join. ⓒ Korea is well-known for its very intelligent young ¹² scientists. ⓓ Members have the chance to talk to other geniuses and share ideas. ⓔ Mensa wants to use its members' talents to help the world, so they participate in a lot of research and social ¹⁵ activities. If you're interested in joining, why not visit the Mensa website today?

Grammar Link

13행 | to부정사의 형용사적 용법: ~할(한) …

I have a lot of <u>work</u> **to do** today.

When I travel, I usually take <u>a pen</u> **to write with**.

> to부정사가 앞의 명사를
> 꾸며주는 형용사
> 역할을 해요.

1 이 글의 ⓐ~ⓔ 중, 글의 전체 흐름과 관계 <u>없는</u> 문장은?

① ⓐ   ② ⓑ   ③ ⓒ   ④ ⓓ   ⑤ ⓔ

2 이 글의 빈칸에 공통으로 들어갈 말로 가장 적절한 것은?

① equal   ② active

③ special   ④ creative

⑤ talented

3 Mensa에 관한 설명 중, 이 글의 내용과 일치하지 <u>않는</u> 것은?

① 다양한 연구와 사회적 활동을 한다.

② 라틴 국가에서 처음으로 만든 단체이다.

③ 인종, 국적, 나이나 사회적 배경에 관계없이 가입할 수 있다.

④ 더 좋은 세상을 만드는 데 자신들의 재능이 활용되기를 바란다.

⑤ 인구에서 상위 2%의 지능 지수를 가지면 누구나 가입할 수 있다.

Ⓖ

4 다음 밑줄 친 to부정사의 쓰임이 나머지와 <u>다른</u> 것은?

① I have a few questions <u>to ask</u>.

② My plan is <u>to learn</u> Spanish.

③ I have a book <u>to read</u> today.

Did You Know?

Mensa 회원이 되는 방법

멘사(Mensa) 회원이 되기 위해서는 테스트를 거쳐야 하며 그 테스트에서 인구 대비 상위 2%의 지능지수 (보통 IQ 148 이상)가 확인되어야 한다. 시험은 매월 한 번씩 시행되며 1년에 한 번, 평생 세 번 치를 수 있다. 멘사 테스트는 일반적인 시험과는 다른 추론 문제 형식으로, 총 45개의 8지 선다형 문항을 제한 시간 20분 안에 풀어야 한다. 테스트를 치르고 약 한 달 후 합격, 불합격 여부를 알 수 있다.

Words

complete ~을 완전하게 만들다; 완료하다; 완벽한
series 연속, 일련
correctly 정확하게
international 국제적인
genius 천재
Latin 라틴어의
race 인종; 경주
nationality 국적
social 사회적인
background 배경
around 약, 대략
throughout ~의 도처에, 전체에
rank (순위를) 차지하다
have ~ in common ~을 공통으로 가지고 있다
intelligence 지능
IQ 지능 지수(= Intelligence Quotient)
population 인구
well-known for ~으로 잘 알려진
share 공유하다
talent 재주, 재능 *cf.* talented 재능 있는
participate in ~에 참가하다
research 연구
social activity 사회 활동
be interested in ~에 관심이 있다
why not ~? ~하는 게 어때?
🖭 2. **equal** 평등한

Review Test

정답과 해설 p.16

1 다음 중 나머지 셋을 모두 포함할 수 있는 것은?

① American   ② nationality   ③ Chinese   ④ Finnish

[2-3] 다음 빈칸에 알맞은 단어를 고르시오.

2

> When you _____ red and blue, you get purple.

① mix   ② predict   ③ spread   ④ complete

3

> He is a singer with great musical _____.

① race   ② talent   ③ cure   ④ research

4 영영 풀이에 해당하는 단어는?

> someone who has very great ability or skill

① member   ② native speaker   ③ population   ④ genius

5 우리말 풀이가 틀린 것은?

① in a hurry: 급히 서두르는   ② take a bath: 목욕하다
③ have ~ in common: ~에 참여하다   ④ well-known for~: ~으로 잘 알려진

[6-7] 다음 괄호 안에서 알맞은 것을 고르시오.

6 This is (which / how) the printer works.

7 He enjoys listening to music, playing the piano and (drawing / to draw) pictures.

8 다음 우리말과 일치하도록 주어진 단어를 활용하여 문장을 완성하시오.

그녀는 새로운 사업을 시작하려는 계획이 있다.

She has a plan _____ a new business. (start)

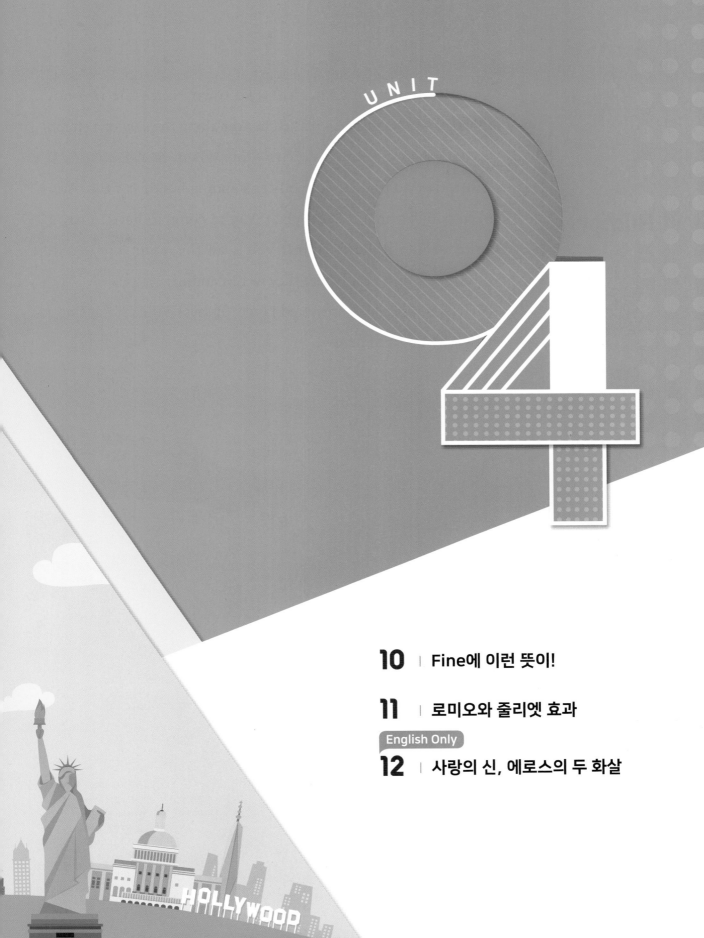

UNIT

4

10

Humor

★ ☆ ☆ / 103 words

One day, Janet drove her car into town. Since she was not familiar with the area, she parked her car along the side of a street. And then she went into a store to shop. When she came out, she ³ was surprised to find a police officer standing beside her car. "You parked your car in an illegal place. You're going to have to pay a fine of twenty dollars. Didn't you read the sign?" he asked, ⁶ pointing to a sign near where they were standing.

"Of course I read it," answered Janet. "It says, 'Fine for Parking.' That's why I parked here!"

Grammar Link

7행 | 동시동작을 나타내는 분사구문: ~하면서
I watched TV, **eating pizza.** 나는 피자를 먹으면서 TV를 봤다.
→ I watched TV **while[as] I was eating pizza.**
Walking in the garden, she sang loudly.
그녀는 정원 안을 걸으면서 크게 노래를 불렀다.
→ **While[As] she was walking in the garden,** she sang loudly.

> 분사구문은
> 「접속사＋주어＋동사 ~」를
> 현재분사를 이용하여
> 줄인 것을 말해요.

1 이 글의 밑줄 친 Fine for Parking의 실제 의미와 Janet이 이해한 의미가 바르게 짝지어진 것은?

	〈실제 의미〉		〈Janet이 이해한 의미〉
①	주차해도 좋음	……	유료 주차
②	주차 시 벌금 부과함	……	주차해도 좋음
③	유료 주차	……	무료 주차
④	주차 시 벌금 부과함	……	직원 전용 주차장
⑤	직원 전용 주차장	……	주차해도 좋음

2 이 글의 내용과 일치하는 것은?

① Janet broke the law.
② Janet was telling a lie.
③ Janet didn't see the sign.
④ Janet didn't have money to pay a fine.
⑤ Janet and the police officer knew each other.

3 이 글의 상황으로 알맞은 것은?

①  ②  ③

Ⓖ

4 다음 우리말과 일치하도록 괄호 안에 주어진 단어를 이용하여 문장을 완성하시오.

(1) 그는 환하게 웃으면서 노래를 불렀다. (smile, sing)

He _____ a song, _____ brightly.

(2) 그녀는 커피를 마시면서 라디오를 들었다. (drink, listen)

She _____ to the radio, _____ coffee.

Psychology

★ ★ ☆ / 135 words

Romeo and Juliet died for love. But did you know that when Romeo died for Juliet, he had only known her for five days? Does true love really happen so fast? One scientist says that because ₃ Romeo and Juliet's parents tried to stop their love, they felt an even greater attraction to each other!

When something we want is about to disappear, we feel like we ₆ want it more. Many people use this "Romeo and Juliet method" _____. You can see sellers shouting at buyers, "Only three days left! Buy before it's gone!" Buyers get scared that they ₉ won't be able to buy it later, so they buy right away. So when there is a "3-day-only sale" and you want to buy something very much, ask yourself again, "Do I really need it?"

2행 | **과거완료(had + 과거분사)의 계속적 용법:** ~해 오고 있었다
He **had been** sick for three days when we visited him.
우리가 그를 방문했을 때 그는 삼일 동안 앓아왔었다.
I **had known** him since we were children.
나는 우리가 어린아이였을 때부터 그를 알고 있었다.

과거완료 계속은 과거 이전부터 과거까지 계속된 동작이나 상황을 나타내요.

1 이 글의 빈칸에 들어갈 말로 가장 적절한 것은?

① to sell goods　　　　　② to make products

③ to be wise shoppers　　④ to choose their best partners

⑤ to marry their first love

2 다음 중 'Romeo and Juliet method'에 해당하는 것은?

① 100% 환불 보장해요!

② 일단 써 보고 구매하세요!

③ 하나 사면 하나를 더 드려요!

④ 세일이 이틀밖에 안 남았어요!

⑤ 저희 매장에서 가장 인기 있는 제품이에요!

(서술형)

3 이 글의 내용과 일치하도록 빈칸에 들어갈 말을 본문에서 찾아 쓰시오.

Romeo and Juliet

Cause		Effect
Their parents try to (A) _____ their love.	➡	They have a greater (B) _____.

Customers

Cause		Effect
Some goods are about to (C) _____.	➡	They will buy the goods (D) _____.

(G)

4 다음 우리말과 일치하도록 괄호 안에 주어진 단어를 알맞은 형태로 바꾸어 쓰시오.

그 집은 우리가 갔을 때 3년간 비어 있었다.

The house _____ empty for three years when we got there.　(be)

Words

attraction 사람의 마음을 끄는 것, 매력 *cf.* attract 마음을 끌다
be about to 막 ~하려고 하다
disappear 사라지다
feel like ~ ~하고 싶다
method 방법
seller 판매자 (↔ buyer 구매자)
shout 소리치다, 외치다
left 남은
be gone 없어지다
get scared 겁먹다
right away 즉각, 즉시
sale 판매, 세일
문 1. **goods** 상품, 제품
　　　product 상품, 제품
　　4. **empty** 비어 있는, 빈

12

Myth

★★☆ / 169 words

Have you ever loved someone who did not love you back? It could be because of the love god's tricks. In Greek mythology, the love god is Eros. Eros is a playful boy with wings and two arrows. One of the arrows has a golden point, and it makes you fall in love when you get shot. The other arrow has a *lead point, and it makes you run away.

Sometimes Eros played tricks with his arrows. One day, Eros decided _____. Eros hit Apollo's heart with the golden arrow of love. Instantly, Apollo fell in love with a beautiful woman named Daphne. But Eros shot Daphne with the lead arrow. This made her hate Apollo. Apollo chased Daphne through the woods. Every time he got close to her, she ran away.

Are you unhappy with a person who doesn't love you back? You may not be responsible for it. It might be because of the tricks of Eros and his two arrows.

*lead[led] 납

1 **What is the main idea for the passage?**

① Do your best to win love.

② Sometimes we cannot control love.

③ We fall in love when we should not.

④ Love comes when we don't expect it.

⑤ We should not love someone who doesn't love us back.

2 **Which one best fits in the blank?**

① to win Apollo's love

② to help the god Apollo

③ to learn from the god Apollo

④ to make fun of the god Apollo

⑤ to introduce a woman to the god Apollo

3 **Why did Daphne run away whenever Apollo approached her?**

① She was so shy.

② She was unhappy with his looks.

③ Eros ordered her not to meet Apollo.

④ She was shot with the lead arrow of Eros.

⑤ Eros made her fall in love with another god.

Words

back	되받아, 대응하여 / in return
trick	장난, 속임수 / an action that is intended to deceive someone
mythology	신화 / a group of old stories about gods and people
playful	장난기 많은, 놀기 좋아하는 / funny and humorous
arrow	화살 / a long, thin weapon with a sharp point at one end and feathers at the other
point	(화살의) 촉, (사물의 뾰족한) 끝 / the sharp end of something
instantly	즉시 / without waiting
chase	뒤쫓다 / run after
the woods	숲(cf. wood 나무) / an area of land covered with trees
be responsible for	~에 책임이 있다 / have control over something
문 **2. make fun of**	~을 놀리다, 비웃다 / laugh at someone or make jokes about them in order to upset them

Review Test

정답과 해설 p.21

1 짝지어진 단어의 관계가 나머지와 <u>다른</u> 것은?

① legal – illegal 　　　　　② empty – full

③ left – remaining 　　　　④ seller – buyer

[2-3] 다음 빈칸에 알맞은 단어를 고르시오.

2
> He drove the car really fast, and he had to pay a _____ for speeding.

① fine　　　　② sale　　　　③ price　　　　④ interest

3
> Among the gods in Greek _____, I like Zeus the most.

① character　　② attraction　　③ background　　④ mythology

[4-5] 다음 영영 풀이에 해당하는 단어를 고르시오.

4
> suddenly go somewhere and not be seen

① disappear　　② chase　　③ shout　　④ break

5
> an action that is intended to deceive someone

① method　　② trick　　③ sign　　④ point

6 괄호 안에서 알맞은 것을 고르시오.

I (have / had) used the pen before it was lost.

7 다음 우리말과 일치하도록 빈칸에 알맞은 말을 쓰시오.

나는 음악을 들으며 수학 문제를 푸는 것을 좋아한다.

I like to solve math problems, _____ to music.

8 다음 우리말과 일치하도록 주어진 단어를 바르게 배열하시오.

그가 이사오기 전까지 나는 10년 동안 그 집에 살았었다.

_____ before he moved in.

(lived / had / in the house / I / for 10 years)

1 이 글의 (A), (B), (C)를 글의 흐름에 맞게 순서대로 배열한 것은?

① (A) − (C) − (B)

② (B) − (A) − (C)

③ (B) − (C) − (A)

④ (C) − (B) − (A)

⑤ (C) − (A) − (B)

2 이 글의 제목으로 가장 적절한 것은?

① How to Protect Coral

② The Sex-changing Fish

③ Coral: A Good House for Gobies

④ The Dangerous Enemies of Gobies

⑤ The Interesting Mating Habits of Gobies

3 gobies에 관한 설명 중, 이 글의 내용과 일치하지 <u>않는</u> 것은?

① 산호 근처에서 산다.

② 몸집이 작은 물고기이다.

③ 짝을 찾아 멀리 가지 않는다.

④ 스스로의 성별을 바꿀 수 있다.

⑤ 큰 물고기들의 보호를 받으며 지낸다.

G

4 다음 우리말과 일치하도록 주어진 말을 배열하시오.

바다에서 수영하고 있는 사람들을 보아라.

Look at _____.

(in the sea / the people / swimming)

정답과 해설 p.22

Did You Know?

성별을 바꾸는 신기한 물고기들

'니모를 찾아서'로 유명해진 물고기 흰동가리는 태어날 때 모두 수컷이지만 무리에서 가장 큰 수컷이 암컷이 된다. 만일 무리에서 유일한 암컷이 죽게 되면 남은 수컷 중 가장 큰 수컷이 암컷으로 변하게 된다. 일생에 성을 세 번이나 바꾸는 동물도 있다. 리본 장어는 수컷으로 태어나 암컷으로 변해 어린 시기를 보낸 후, 몸의 길이가 65cm정도 되면 다시 수컷이 된다. 몸 길이가 90~120cm가 되면 다시 암컷으로 변한 후, 한 달 정도 번식을 한 후 수명을 다한다. 리본 장어는 어린 시기 암컷일 때는 검정색, 수컷일 때는 청색, 암컷일 때는 노란색이어서 색으로도 성별을 알 수 있다. 이 외에도 놀래기, 앵무고기, 그루퍼, 바슬렛 등이 암컷에서 수컷으로 성별을 바꿀 수 있다.

Words

female 암컷, 여성(인)

turn into ～으로 바뀌다, 변하다

male 수컷, 남성(인)

animal kingdom 동물계
cf. kingdom(자연계를 세 가지로 구분한) …계

ability 능력

sex 성, 성별

therefore 그러므로

mate (동물이) 짝짓기를 하다

far away 멀리

what if ~? ～라면 어떻게 될까?, ～면 어쩌지?

in that case 그런 경우에는

half 반, 절반

simply 간단히

tiny 아주 작은

protect A from B A를 B로부터 보호하다

dangerous 위험한

Universe

★★☆ / 132 words

Many people dream of becoming astronauts, but it isn't always fun. Life in a spaceship is quite different from life on Earth, and it can be difficult. ₃

The biggest challenge for astronauts is living without gravity because everything floats around. This makes eating and sleeping difficult. Imagine drops of juice or milk floating everywhere! This ₆ explains why astronauts must use straws. Similarly, astronauts must get inside sleeping bags and wear safety belts to sleep. This prevents them from floating around and getting hurt while ₉ sleeping.

Despite these difficulties, most astronauts say they can't wait to go back to space. It isn't hard to understand why. Imagine how ₁₂ amazing it must be to see views of planets and stars that almost no one else can see. It must be worth all the trouble.

Grammar Link

7/8행 | 의무의 조동사 must: ~해야 한다
We **must** follow the rules. 우리는 규칙을 따라야 한다.
I **must** finish my homework by tomorrow.

13/14행 | 추측의 조동사 must: ~임에 틀림없다
It **must** be worth all the trouble. 그것은 그 모든 고생을 할 가치가 있음에 틀림없다.
There **must** be something wrong with the engine.

1 이 글에 언급된 우주 비행사들의 모습이 <u>아닌</u> 것은?

①  ②  ③

서술형

2 이 글에서 언급한 우주 비행사들이 어려움을 겪는 근본적인 이유를 우리말로 쓰시오.

3 이 글의 내용과 일치하면 **T**, 일치하지 <u>않으면</u> **F**를 쓰시오.

(1) _____ Astronauts must use straws when they drink something in space.

(2) _____ Sleeping bags and safety belts help astronauts sleep in space.

(3) _____ Most astronauts are afraid of going back to space.

G

4 다음 문장에서 밑줄 친 **must**의 뜻에 해당하는 것을 보기에서 고르시오.

┌─ 보기 ─────────────────────────────┐
│ ⓐ ~해야 한다   ⓑ ~임에 틀림없다 │
└───────────────────────────────────┘

(1) Don't be late. You <u>must</u> be on time.

(2) This <u>must</u> be a difficult job.

(3) <u>Must</u> I go there by myself?

Did You Know?

우주선의 화장실

우주에서는 어떻게 소변과 대변을 해결할까? 우주의 화장실은 진공 청소기의 원리를 사용한다. 소변의 경우 소변 깔때기(흡입 튜브)로 빨아들이며, 일부는 정화해 먹는 물로 사용한다. 대변을 볼 수 있는 변기에도 흡입기가 설치되어 있어 대변을 빨아들인다. 저장된 노폐물은 캡슐에 밀봉된 후 쓰레기차에 담겨 지구로 발사된 후 대기권에서 불타 사라진다.

Words

astronaut 우주 비행사
spaceship 우주선
quite 상당히, 꽤
challenge 어려움; 도전
gravity 중력
float (물 위나 공중에서) 떠돌다, 떠가다; 뜨다
imagine 상상하다
drops of~ 몇 방울의 ~
explain 설명하다
everywhere 모든 곳, 어디나
straw 빨대
similarly 비슷하게, 유사하게
get inside ~안에 들어가다
sleeping bag 침낭
safety belt 안전벨트
cf. safety 안전
prevent A from B A가 B하는 것을 막다 *cf.* prevent 막다
get hurt 다치다
despite ~에도 불구하고(=in spite of)
can't wait to 빨리 ~하고 싶다, ~하는 것이 기대된다
go back to ~로 돌아가다
view 경관, 전망
planet 행성
worth all the trouble 그 모든 고생을 할 가치가 있는

15

Technology

★★★ / 190 words

Computer programming is a way of giving computers instructions about what they should do. So how do we make such a program? For example, let's say that you want to make a "secretary" program that lets you know when an email arrives from your teacher.

The first step is to build an algorithm. An algorithm is a series of steps which are needed to solve a particular problem. If you have a real human secretary, you can just tell him or her, "Please let me know when an email from my teacher arrives." Unfortunately, a computer is not as smart as a human being, so you have to give it detailed directions.

1. Check the mailbox every five minutes.

2. If there's a new email, check and see if the sender is my teacher.

3. If it is, show a pop-up on my screen.

The next step is to write these steps in a language that computers can understand. Since computers cannot understand the English or Korean language, you must translate it into a "programming language" such as C++, python or Java. This translating work is referred to as coding.

3
6
9
12
15
18

Grammar Link

7행 | 주격 관계대명사 which

I read a book.＋It was interesting.
→ I read a book **which**(that) was interesting.
This is a doll **which**(that) is made of paper.
cf. I have a friend **who** has two sisters. ▶ who (사람)
I have a dog **that** runs fast. ▶ that (사물, 사람)
(= which)

주격 관계대명사 which는
사물인 앞 명사를 수식해요.
which는 that으로
바꿔 쓸 수 있어요.

1 이 글의 주제로 가장 적절한 것은?

① the steps to solve a problem
② how to make a computer program
③ the work of computer programmers
④ the importance of computer programs
⑤ differences between algorithms and coding

2 이 글의 내용과 일치하지 <u>않는</u> 것은?

① 컴퓨터는 사람들이 사용하는 언어를 이해할 수 있다.
② 컴퓨터 프로그래밍은 컴퓨터에게 지시를 내리는 것이다.
③ 알고리즘은 어떤 문제를 해결하기 위한 단계들을 말한다.
④ 컴퓨터 프로그램을 만들기 위해서는 우선 알고리즘을 만들어야 한다.
⑤ 컴퓨터 프로그램을 만들기 위해서는 여러 단계로 상세하게 지시해야 한다.

(서술형)
3 이 글의 내용과 일치하도록 빈칸에 들어갈 말을 본문에서 찾아 쓰시오.

Computer Programming

giving (A) _____ to computers

Step 1: Algorithm		**Step 2: Coding**
a series of (B) _____ necessary for solving a (C) _____	⇒	(D) _____ directions into a programming (E) _____

G (서술형)
4 다음 문장에서 <u>틀린</u> 부분을 찾아 바르게 고치시오.

너는 건강에 좋은 음식을 먹어야 한다.

You have to eat food who is good for your health.

_____ → _____

Words

give ~ instructions ~에게 명령하다, 지시하다 *cf.* instruction 지시
let's say ~라고 가정해 보자, 이를 테면
secretary 비서
step 단계
build 만들어 내다, 개발하다
a series of 일련의
solve 풀다, 해결하다
particular 특정한
unfortunately 유감스럽게도
human being 사람, 인간
detailed 상세한, 자세한
direction 지시, 명령
every + 수사 + minutes ~분마다
see if ~ ~인지 확인하다
sender 보내는 사람, 발송자
pop-up 팝업창
screen 화면
translate A into B A를 B로 번역하다
be referred to as ~로 불리다 *cf.* refer to A as B A를 B라고 부르다
coding 코딩, 부호화
문 **3. necessary** 필요한, 필수적인

Review Test

정답과 해설 p.26

1 짝지어진 단어의 관계가 나머지와 <u>다른</u> 것은?

① male – female　　　　　② tiny – small
③ dangerous – safe　　　　④ similarly – differently

[2-3] 다음 빈칸에 알맞은 단어를 고르시오.

2
> A professional has a great _____ in their field of work.

① trick　　　　② view　　　　③ gravity　　　　④ ability

3
> Please give me clear _____ to solve this problem.

① qualities　　　② challenges　　　③ directions　　　④ talents

[4-5] 다음 영영 풀이에 해당하는 단어를 고르시오.

4
> a large, round object in space that moves around a star

① astronaut　　　② screen　　　③ spaceship　　　④ planet

5
> something that someone tells you to do

① series　　　② instruction　　　③ safety　　　④ language

[6-7] 다음 문장의 밑줄 친 부분을 바르게 고쳐 쓰시오.

6 The little girl <u>wears</u> a pink dress is my sister.

7 I want to buy a new computer <u>who</u> is expensive.

8 밑줄 친 부분의 의미가 나머지와 <u>다른</u> 하나는?

① You <u>must</u> not drink in the museum.
② You <u>must</u> keep quiet in the library.
③ You <u>must</u> be tired of singing.
④ You <u>must</u> wear a swimming cap.

UNIT

6

16

Education

★★☆ / 134 words

These days, students don't spend much time doing their homework. They simply copy and paste information from online sources. However, this is a huge problem because stealing others' work is morally wrong and could also break the copyright law. How can we avoid this problem?

One way is to paraphrase, or rewrite the original content. The Internet provides helpful information, but you shouldn't copy everything. You should try to write things in your own words and also include your own ideas. At least two-thirds of your writing should be based on your own thoughts.

In addition, every time you use someone else's ideas or quote their writing, you must cite or write the sources at the bottom of your report.

That way you can actually learn something as well as avoid breaking copyright law.

Grammar Link

9행 | 영어 분수 표현: 분자: 기수(one, two, …), 분모: 서수(first, second, …)

Two-thirds of the orange is rotten. 오렌지의 3분의 2가 썩었다.
One-fifth[A fifth] of the students are going to attend the class today.

cf. Use **a half** of the dough. 반죽의 반을 사용해라.
   A quarter(= **One-fourth**) of a year is three months. 일 년의 4분의 1은 세 달이다.

분자와 분모는 하이픈으로 연결하고 분자가 2 이상이면 분모에 -s를 붙여요.

1 이 글의 글쓴이가 주장하는 바로 가장 적절한 것은?

① Write your own ideas using online content.
② Use creative thoughts when you write reports.
③ Avoid using the Internet when you write reports.
④ Use many online sources to develop your thoughts.
⑤ Learn how to write reports quickly through the Internet.

2 이 글의 밑줄 친 this problem이 가리키는 것은? (2개)

① 도덕적으로 잘못된 것
② 시간이 많이 걸리는 것
③ 저작권법을 위반하는 것
④ 숙제의 완성도가 낮은 것
⑤ 여러 학생들의 숙제가 똑같은 것

(서술형)

3 이 글에서 저작권법을 위반하지 않기 위해 글쓴이가 제시한 방안과 일치하도록 빈칸에 들어갈 말을 본문에서 찾아 쓰시오.

(1) Add your own thoughts and rewrite the original content in your _____ _____.
(2) Write the _____ of the ideas you get from the Internet.

(G)

4 다음 문장의 괄호 안에서 알맞은 것을 고르시오.

(1) (Two-fifth / Second-five / Two-fifths) of the workers are men.
(2) Anna ate (one-third / one-thirds / first-three) of the pizza.

Words

these days 요즘에는
copy 복사하다, 베끼다
paste 붙이다
information 정보, 자료
source 자료, (자료의) 출처; 원천
huge 엄청난, 막대한
steal (생각·저작 등을) 도용하다; 훔치다
morally 도덕적으로
break the copyright law 저작권법을 어기다, 위반하다
cf. break (법, 약속 등을) 어기다
avoid 방지하다, 피하다
paraphrase 다른 말로 바꾸어 표현하다
or 즉
rewrite 다시 (고쳐) 쓰다
original 원래의, 본래의
content 내용
provide 제공하다, 공급하다
include 포함하다, ~을 포함시키다
at least 적어도, 최소한
based on ~에 근거하여
in addition 또한, 게다가, ~에 덧붙여
every time ~할 때마다
quote 인용하다
cite 언급하다; 인용하다
bottom 맨 아래 (부분)
that way 그런 식으로, 그와 같이
actually 실제로
B as well as A A뿐만 아니라 B도

17

Friendship

★ ★ ☆ / 125 words

Friendship among teenagers is different from friendship among children. Children say friends are people they play with. But for teenagers, friends are more than that. ⓐ For one thing, teens "hang out"; they don't play. ⓑ Hanging out is more than just playing a game together. ⓒ It could mean enjoying activities, visiting places and meeting other people together. ⓓ Teenagers cannot control their emotions easily. ⓔ It is about being together and having conversations. In other words, their friendships change from playing with friends to hanging out and talking. This change reflects teens' growth in thinking abilities. The topics teens talk about also change. There are some conversations about their future, but there are many more conversations about topics such as their friendship, school life, their problems and other people they admire or interact with.

Grammar Link

5행 | **추측·가능성의 조동사 could**: ~일 수 있다(현재 상황임에 주의)
The news **could** be true, but I don't want to believe it.
Don't be so sure of that. You **could** be wrong.

cf. I **could** watch what they were doing. ▶ 능력: ~할 수 있다(can의 과거형)
나는 그들이 무엇을 하는지 볼 수 있었다.

> can의 과거형인 could '~할 수 있었다'와 구분해야 해요.

정답과 해설 p.28

1 이 글의 ⓐ~ⓔ 중, 글의 전체 흐름과 관계 <u>없는</u> 문장은?

① ⓐ   ② ⓑ   ③ ⓒ   ④ ⓓ   ⑤ ⓔ

2 청소년의 우정에 대한 이 글의 내용과 일치하면 T, 일치하지 <u>않으면</u> F를 쓰시오.

(1) _____ They like traveling to many places and meeting people.

(2) _____ Their conversations focus mainly on their future.

(서술형)

3 이 글의 내용과 일치하도록 빈칸에 들어갈 말을 본문에서 찾아 쓰시오.

> Children's friendship focuses on (A) _____ games, but teenagers' friendship focuses on being together and having (B) _____ .

(G)

4 다음 밑줄 친 could의 의미가 나머지와 <u>다른</u> 것은?

① It <u>could</u> rain this evening.

② The doorbell is ringing. It <u>could</u> be your mother.

③ I <u>could</u> not speak Chinese when I was young.

Words

friendship 우정
teenager 십 대
for one thing 우선 첫째로
hang out 함께 시간을 보내다, 어울리다
conversation 대화
in other words 즉, 다시 말하면
reflect 나타내다, 반영하다
growth 성장
thinking ability 사고 능력
cf. ability 능력
such as ~와 같은
admire 동경하다; 존경하다
interact with ~와 상호작용을 하다
문 2. focus on ~에 집중하다; 초점을 맞추다

18

Myth

★ ★ ☆ / 173 words

In Greek mythology, Pygmalion was a sculptor. One day, he created a very beautiful woman with stone and ivory. He named the beautiful sculpture Galatea. She was so lovely that he could ³ not take his eyes off her. She was not a living woman but just a hard, cold statue of stone and ivory. Every day, Pygmalion prayed to Aphrodite, the goddess of love and beauty, "Please turn her into ⁶ a real woman." He prayed and prayed. Then, something wonderful happened. The statue came to life. She smiled and even spoke to him. ⁹

Today, the name Pygmalion is often used to talk about the effects of a teacher's expectations on a student's performance. For example, if a teacher expects that his student's ability will ¹² grow, the student's self-confidence will grow and he or she will perform better. We call this the "Pygmalion Effect." The Pygmalion Effect can be seen in human relationships. If you want people to ¹⁵ change, show your faith in them. Then, they may start to change and meet your expectations.

1 Which set of words best explains the Pygmalion Effect?

> If you show ___(A)___ in someone's ability to do something, he or she will probably be ___(B)___ to do it well.

	(A)		(B)			(A)		(B)
①	faith	⋯⋯	able		②	faith	⋯⋯	unable
③	doubt	⋯⋯	trying		④	doubt	⋯⋯	glad
⑤	hope	⋯⋯	unwilling					

2 When Pygmalion prayed and prayed, _____.

① Aphrodite didn't listen to him ② his wish came true
③ Galatea became more beautiful ④ he got another statue
⑤ the statue turned into the goddess

W

3 Find the words from the passage that fit in the blanks of both sentences.

• Heat will _____ ice _____ water.
• The princess' kiss may _____ the frog _____ a prince.

Words

sculptor	조각가(cf. sculpture 조각품) / an artist who makes an object out of stone, wood, clay, etc.
ivory	상아 / a hard cream-colored material that comes from the long teeth of an elephant
not take one's eyes off	~에서 눈을 떼지 못하다 / not stop looking at somebody or something
statue	조각상 / an image of a person or animal that is made from a hard material, especially of stone or metal
pray	기도하다, 빌다 / speak to God in order to ask for help or give thanks
goddess	여신 / a female god who is believed to have power and control the world
turn A into B	A를 B로 바꾸다 / change from A to B
come to life	살아나다 / become alive
effect	효과; 영향 / a change that is produced in one person or thing by another
expectation	기대 / a strong hope or belief that good things are going to happen in the future
performance	성과, 실적 / the act of doing something successfully
self-confidence	자신감, 자신 / the belief that you can do things well
perform	(일, 의무 등을) 행하다, 수행하다 / do a task or an action
relationship	관계 / the way in which two or more people feel and behave towards each other
faith	믿음, 신뢰 / the trust in something or someone

Review Test

정답과 해설 p.31

[1-2] 다음 빈칸에 알맞은 단어를 고르시오.

1 Fortunately, the thief didn't _____ my gold ring.

① include   ② avoid   ③ steal   ④ paste

2 My father does his best in everything. I really _____ him.

① provide   ② admire   ③ explain   ④ reflect

3 다음 밑줄 친 단어와 바꾸어 쓸 수 있는 것을 고르시오.

I often quote from the Bible.

① cite   ② rewrite   ③ paraphrase   ④ reflect

4 우리말 풀이가 잘못된 것은?

① hang out: 함께 시간을 보내다   ② come to life: 살아나다
③ these days: 예전에는   ④ break copyright law: 저작권법을 어기다

5 다음 영영 풀이에 해당하는 단어는?

a strong hope or belief that good things are going to happen in the future

① effect   ② ability   ③ source   ④ expectation

6 다음 문장에서 틀린 부분을 찾아 바르게 고쳐 쓰시오.

Two-third of the workers don't eat lunch because they're so busy.

7 다음 우리말과 일치하도록 주어진 단어를 바르게 배열하시오.

학생의 4분의 3이 집에 컴퓨터를 보유하고 있다.

_____
(computers / the students / have / of / in their homes / three-fourths)

8 다음 밑줄 친 부분에 유의하여 바르게 해석하시오.

One small mistake could cause a war.

_____

● 주어진 뜻에 맞게 단어를 완성한 후, 각 번호에 해당하는 알파벳으로 문장을 만드시오.

Words

1 l o e v s 풀다, 해결하다

☐☐☐☐☐
   9   13

2 a c l g h e l n e 어려움, 도전

☐☐☐☐☐☐☐☐☐
     4   19

3 r s i d e p n f i h 우정

☐☐☐☐☐☐☐☐☐☐
       1   15   12

4 megiani 상상하다

☐☐☐☐☐☐☐
  5   10

5 v a g y i r t 중력

☐☐☐☐☐☐☐
      8

6 r o t i c d e n i 지시, 명령

☐☐☐☐☐☐☐☐☐
    16   3

7 w r h g t o 성장

☐☐☐☐☐☐
   2

8 o t b t m o 맨 아래 (부분)

☐☐☐☐☐☐
 17   11

9 i l c n e d u 포함하다, ~을 포함시키다

☐☐☐☐☐☐☐
  6   18

10 r a u n e d s o g 위험한

☐☐☐☐☐☐☐☐☐
    7   14

Sentence

☐☐☐☐☐☐☐ ☐☐ ☐☐☐☐☐☐☐☐☐☐☐☐.
1 2 3 4 5 6 7   8 9   10 11 12 13 14 15 16 17 18 19

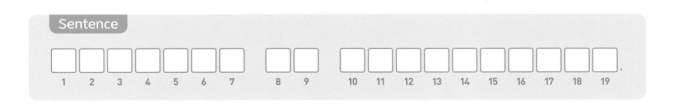

Answers Words **1** solve **2** challenge **3** friendship **4** imagine **5** gravity **6** direction **7** growth **8** bottom **9** include **10** dangerous Sentence Nothing is impossible.

Is This the End?

해석 [이것이 끝인가?]

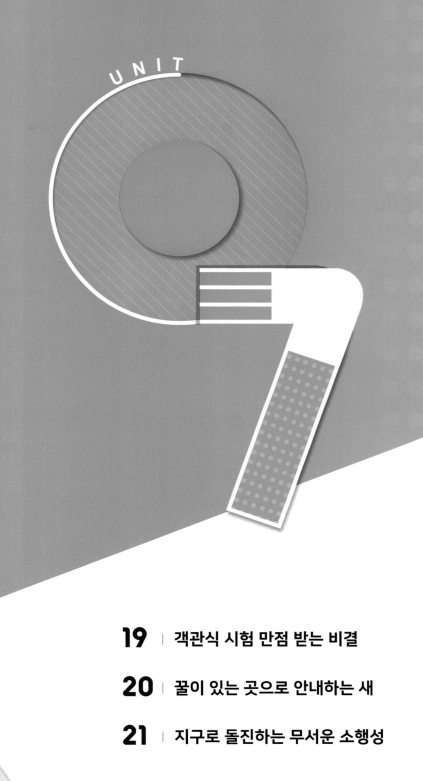

UNIT
9

19

Education

★★☆ / 109 words

What is the best way to do well on *multiple-choice tests? Here are some tips!

A. _____ 3

Read the questions over and over again because they often contain important information. Underline the key information in the questions. 6

B. _____

If you are sure that some answers are incorrect, eliminate them and focus on the remaining answers. This will save time and 9 give you a better chance of selecting the correct answer.

C. _____

If the answers contain words like "all," "never," "always" or 12 "none," they are likely to be wrong, so avoid the ones with these absolute words.

*multiple-choice test 객관식 시험

Grammar Link

12행 | 전치사 like : ~ 같은, ~처럼

I love sweet fruits **like** peaches, pears and bananas. ▶ ~ 같은

Don't treat me **like** a child! ▶ ~처럼

cf. **Like** I said before, don't worry about it. ▶ 접속사: ~대로[처럼]

I **like** sweet things. ▶ 동사: ~을 좋아하다

like가 전치사로 쓰이면 뒤에 명사 혹은 동명사가 와요.

1 이 글의 빈칸에 각각 알맞은 말을 보기 에서 골라 번호를 쓰시오.

┌─ 보기 ─────────────────────────────┐
① Pay attention to certain words.
② Cross out the wrong answers.
③ Read the questions carefully.
└────────────────────────────────────┘

A. _____   B. _____   C. _____

2 객관식 시험을 잘 보는 방법에 관한 이 글의 내용과 일치하지 <u>않는</u> 것은?

① 문제를 주의 깊게 잘 읽는다.
② 문제에서 중요한 정보에 밑줄을 긋는다.
③ 정답이 아닐 것 같은 선택지는 먼저 지운다.
④ 이미 알고 있는 지식을 동원해 선택지를 고른다.
⑤ '절대 아니다'의 의미가 들어 있는 선택지는 피한다.

(서술형)

3 이 글의 밑줄 친 <u>This</u>가 의미하는 내용을 우리말로 쓰시오.

Ⓖ

4 밑줄 친 부분에 유의하여 다음 문장을 우리말로 해석하시오.

(1) She enjoys sports like tennis, hiking and skiing.

_____

(2) He swims like a fish.

_____

Words

do well on a test 시험을 잘 보다
tip 비결, 비법
over and over again 반복해서
contain ~을 가지다, 포함하다
underline 밑줄을 치다
key 핵심적인, 가장 중요한; 열쇠
incorrect 틀린, 옳지 않은
cf. correct 옳은
eliminate 삭제하다, 없애다
remaining 남아 있는
save 절약하다, 아끼다; 구하다
chance 가능성; 기회
select 선택하다
be likely to ~할 것 같다, ~일 가능성이 있다
wrong 틀린
absolute 절대적인, 절대의
문 1. **pay attention to** ~에 유의하다, 주목하다
　　certain 특정한
　　cross out 줄을 그어 지우다

20

Animal

★ ☆ ☆ / 134 words

In Africa, there lives an amazing bird called a *honeyguide. Can you guess what this bird loves? Honey! The bird cannot get honey by itself, but it knows how to _____. 3

When the bird discovers a bee nest full of honey, it flies around until it finds a human. Then, the bird sings to get the human's attention. Once the human sees the bird, it starts its amazing 6 guide service. The honeyguide flies from tree to tree and leads the human back to the bee nest. When they get there, the human makes a fire under the nest. This makes the bees leave. The human 9 takes out the honey, but never forgets to give some to the bird. Africans believe that if they don't return this favor, something bad will happen.

* **honeyguide** 꿀잡이새

Grammar Link

11행 | -thing으로 끝나는 대명사 + 형용사: ~한 것

I want to drink **something hot**.

There is **nothing special** in the newspaper today.

-thing으로 끝나는 something, anything, everything, nothing 등의 대명사들은 형용사가 뒤에서 수식해요.

1 다음은 이 글에서 honeyguide가 꿀을 찾은 후 일어나는 상황을 설명한 것이다. 순서대로 바르게 배열하시오.

> (A) The bird guides the human to the bee nest.
> (B) The bird finds a human and starts singing.
> (C) The human gives the bird some honey as thanks.
> (D) The human makes a fire to make the bees leave and get the honey.

_____ → _____ → _____ → _____

2 이 글의 빈칸에 들어갈 말로 가장 적절한 것은?

① cheat the bees   ② get help from humans

③ avoid the bees' attack   ④ get help from other birds

⑤ steal the honey from bees

3 이 글의 내용으로 보아, 다음 빈칸에 들어갈 말로 가장 적절한 것은?

> African people always give the bird some honey to _____
> _____.

① make the bird sing   ② get its attention

③ catch the bird   ④ avoid bad luck

⑤ have good luck

Ⓖ

4 다음 문장의 빈칸에 들어갈 말을 보기 에서 골라 쓰시오.

┌─ 보기 ─────────────────────────────┐
　　something　　anything　　special　　wrong
└──────────────────────────────────┘

(1) Tomorrow is my mom's birthday. I want to do _____
_____ for her.

(2) My computer is making strange sounds. But I can't find
_____ _____.

Words

by itself 홀로, 혼자
discover 발견하다
nest 둥지
attention 관심, 주목
once 일단 ~하면
lead 안내하다, 이끌다
make a fire 불을 피우다
leave 떠나다
take out 꺼내다, 빼다
never forget to ~하는 것을 잊지 않다
return a favor 호의에 보답하다
cf. favor 호의, 친절
happen 일어나다, 발생하다
[문] 1. **as thanks** 감사의 표시로
　　2. **cheat** 속이다

"Help! A scary star is falling. Soon, it will hit Earth and destroy many people and animals."

This is not a scene from a science fiction movie. It could happen ³ in the future.

The scary star is actually a huge rock called an *asteroid. Asteroids move around the sun just like Earth, but they're much ⁶ smaller than Earth. There are millions of asteroids of various sizes. A little asteroid is as small as a bus, but a big one can be as large as Korea. ⁹

One night in 2004, a fast-moving asteroid, *99942 Apophis*, was observed for the first time. Scientists say that this huge asteroid could hit Earth in 2036! They believe that the asteroid attack could ¹² cause serious damage to Earth because it could be more powerful than 60,000 nuclear bombs. Scientists say the possibility of the asteroid hitting Earth is very low (1 in 45,000), but they are still ¹⁵ worried. Why? The asteroid might hit another object on its way to Earth, and this might change its course closer to the Earth. Let's all hope this won't happen.

*asteroid[ǽstrɔid] 소행성

Grammar Link

8행 | **as + 원급 + as ~**: ~만큼 …한 (동등비교)

Aron is 15 years old. Cathy is 15 years old, too.
= Cathy is **as** <u>old</u> **as** Aron.

My dog is the same size as yours.
= My dog is **as** <u>big</u> **as** yours.

동등비교는 as와 as 사이에
형용사나 부사의 원급을
써서 나타내요.

1 이 글의 주제로 가장 적절한 것은?

① how to avoid asteroid attack

② the history of asteroid attack on Earth

③ various asteroids moving around Earth

④ scientific facts about science fiction movies

⑤ asteroids and their possible danger to Earth

2 99942 Apophis에 대한 이 글의 내용과 일치하면 T, 일치하지 <u>않으면</u> F를 쓰시오.

(1) _____ 지구처럼 태양을 돌며 크기는 훨씬 크다.

(2) _____ 파괴시키려면 6만개의 핵폭탄이 필요할 것이다.

(3) _____ 지구로 오는 도중에 다른 물체와 부딪히면 지구쪽으로 더 가까이 올 수 있다.

(서술형)

3 이 글의 내용과 일치하도록 빈칸에 들어갈 말을 본문에서 찾아 쓰시오.

> Some scientists say that *99942 Apophis* could hit Earth in 2036, but the _____ of the asteroid attack is very low.

Ⓖ

4 다음 우리말과 일치하도록 주어진 말을 배열하시오.

(1) Lisa는 그녀의 남동생만큼 키가 크다.

Lisa is _____.

(as / her brother / as / tall)

(2) 그는 Anna만큼 빨리 달리지 못한다.

He can't run _____.

(Anna / as / as / fast)

Words

scary 무서운, 겁나는
destroy 파괴하다
scene 장면
science fiction 공상 과학
various 다양한, 여러 가지의
fast-moving 고속의
observe 관측하다, 관찰하다
for the first time 처음으로
attack 공격
cause ~을 야기하다, 초래하다
serious 심각한
damage 피해
powerful 강력한
nuclear bomb 핵폭탄
possibility 가능성
object 물체
on one's way to ~로 가는 길에
course 방향, 항로

Review Test

정답과 해설 p.36

1 짝지어진 단어의 관계가 나머지와 <u>다른</u> 것은?

① correct – incorrect   ② destroy – build

③ leave – arrive   ④ scary – dangerous

[2-3] 다음 빈칸에 알맞은 단어를 고르시오.

2

> The boy decided to _____ the pink toy out of the two.

① select   ② discover   ③ contain   ④ lead

3

> Air pollution is becoming a _____ problem in Korea.

① amazing   ② remaining   ③ serious   ④ various

4 영영 풀이에 해당하는 단어는?

> watch something very carefully

① eliminate   ② leave   ③ cause   ④ observe

5 빈칸에 공통으로 들어가기에 알맞은 것은?

> • I usually eat fast food for lunch to _____ time and money.
> • I want to become a firefighter and _____ people's lives.

① focus   ② save   ③ protect   ④ cause

6 다음 우리말과 일치하도록 괄호 안에서 알맞은 것을 고르시오.

나는 빨강, 파랑 그리고 노랑과 같은 강렬한 색을 좋아한다.

I like strong colors (like / for) red, blue and yellow.

[7-8] 다음 우리말과 일치하도록 주어진 단어를 바르게 배열하시오.

7 나는 뭔가 단 것을 먹고 싶어요.

_____

(sweet / I'd like to / have / something)

8 내 가방은 너의 것만큼 비싸지 않다.

_____

(as / yours / not / my bag / as / is / expensive)

UNIT

8

22

Body

★ ★ ☆ / 128 words

A cell is the smallest unit of an animal's body. In your body, there are a huge number of cells. Cells grow or become sick just like people do. However, did you know that some cells kill themselves to help other cells? This is very common. Why would cells decide to die?

Some cells kill themselves to get rid of useless body parts. For example, tadpoles have tails. However, frogs no longer need tails. So the tail cells kill themselves, and the tail disappears. Other cells choose to die because they aren't healthy. Sick cells don't want to affect other healthy cells around them, so they kill themselves. That way, they prevent viruses or diseases from spreading. Like this, cells can do such remarkable things for our bodies.

Grammar Link

4행 | **재귀대명사: ~ 자신, ~ 스스로**

They saw **themselves** in the mirror.

그들은 거울에서 그들 스스로를 보았다.

cf. They saw **them** in the mirror.

그들은 거울에서 (자신이 아닌 다른) 그들을 보았다.

I love **myself**.　　▶ I love me. (×)

주어와 목적어가 같은 대상일 때 목적어는 재귀대명사 (-self/-selves) 형태로 써요.

1 이 글의 제목으로 가장 적절한 것은?

① The Spread of Viruses
② The Life Cycle of Cells
③ Why Cells Kill Themselves
④ Various Types of Body Cells
⑤ How to Get Rid of Useless Cells

2 이 글의 내용으로 보아, 바이러스나 질병이 우리 몸에 퍼지지 <u>않는</u> 이유로 가장 적절한 것은?

① 병든 세포들이 스스로 죽기 때문에
② 병든 세포들이 서로를 죽이기 때문에
③ 건강한 세포들이 바이러스를 공격하기 때문에
④ 병든 세포들이 건강한 세포들에 의해 회복되기 때문에
⑤ 병든 세포들이 시간이 지나면서 스스로 치료하기 때문에

(서술형)

3 이 글을 다음과 같이 요약할 때, 빈칸에 알맞은 말을 본문에서 찾아 쓰시오.

> Cells in our body kill themselves when they become _____ or _____ .

(G)

4 다음 우리말과 일치하도록 빈칸에 알맞은 단어를 쓰시오.

(1) 나는 너한테 화난 게 아니야. 나 자신에게 화가 난 거야.

I'm not angry with you. I'm angry with _____.

(2) 그는 혼잣말을 했다.

He spoke to _____.

Words

cell 세포
unit 구성 단위, 단위
a huge number of 엄청나게 많은
cf. a number of(=many) 많은
just like 마치 ~처럼
kill oneself 자살하다
common 흔한(↔ unique)
get rid of ~을 없애다
useless 쓸모없는, 소용없는
tadpole 올챙이
tail 꼬리
no longer 더 이상 ~이 아닌
disappear 사라지다
affect ~에 영향을 미치다
cf. effect 영향
prevent A from B A가 B하지 못하게 하다 cf. prevent 막다
disease 병, 질병
spread 퍼지다, 확산되다; 펴다, 펼치다
remarkable 놀라운, 주목할 만한

23

Story

★★☆ / 150 words

In 1912, the *Titanic*, the world's biggest passenger ship, began its first journey from England to America with about 2,200 people on board. Unfortunately, just four days after its departure, the ship ³ struck an iceberg and started to sink. Everyone quickly tried to escape from the ship. However, there were not enough lifeboats to rescue all the people. The women and children were the first to ⁶ transfer to the lifeboats. One woman helped her children get into a lifeboat, but there was no room for her, so she couldn't get on. Her children started crying, "Mom! Mom!" ⁹

Suddenly, a young woman called Miss Evans stood up and said, "You can take my place. I don't have any children." The young woman went back to the sinking *Titanic*, and the children's ¹² mother got into the lifeboat. Soon after that, the *Titanic* sank into the deep, cold sea.

Grammar Link

4/9행 | **to부정사와 동명사 둘 다 목적어로 취할 수 있는 동사**: start, begin, like, hate, continue 등
The ship hit an iceberg and **started to sink** (= started sinking).
Her children **started crying** (= started to cry).
It **began to rain** (= began raining) in the afternoon.
He **likes to play** (= likes playing) with his dog.

정답과 해설 p.38

1 이 글에 나온 Miss Evans에게 배울 점은 무엇인가?

① 모성애　　　　　　② 도전 정신

③ 독립심　　　　　　④ 희생 정신

⑤ 인내심

2 다음 중 이 글을 읽고 답을 알 수 <u>없는</u> 것은?

① Why did the *Titanic* sink?

② Where did the *Titanic* sink?

③ Where was the *Titanic* going to?

④ Who were the first to board the lifeboat?

⑤ How many people were on the *Titanic*?

(서술형)

3 이 글의 내용과 일치하도록 빈칸에 들어갈 말을 본문에서 찾아 쓰시오.

> When the *Titanic* hit a(n) (A) _____ and started to sink, Miss Evans gave her seat in the (B) _____ to the children's mother.

(G)

4 다음 우리말과 일치하도록 괄호 안에 주어진 단어를 알맞은 형태로 바꾸어 쓰시오.

그녀는 의자에 편안히 앉아 책을 읽기 시작했다.

She sat back in the chair and started _____ a book. (read)

Did You Know?

Edith Corse Evans (1875–1912)

타인을 위해 자신의 생명을 희생한 Edith Corse Evans는 1875년 미국 필라델피아의 한 가정에서 2녀 중 둘째로 태어났다. 뉴욕에 살던 그녀는 영국에서 있었던 가족의 장례식에 참석한 후, 미국으로 돌아오기 위해 타이타닉 호 1등석에 승선했다. 타이타닉 호가 침몰할 때 그녀는 아이들의 엄마인 Caroline Brown에게 자신의 구명보트 자리를 양보했고, 결국 배와 함께 죽음을 맞았다. 그녀는 단 네 명의 1등선 승선 여성 희생자 중 하나였으며, 그녀의 시체는 아직까지도 발견되지 않았다.

Words

passenger ship 여객 수송선
cf. passenger 승객
journey 여행, 여정
on board 승선한, 탑승한
unfortunately 불행하게도
departure 출발 (↔ arrival 도착)
strike 부딪치다, 치다 (-struck-struck)
iceberg 빙산
sink 가라앉다 (-sank-sunk)
escape 탈출하다, 달아나다
lifeboat 구명보트, 구조선
rescue 구하다, 구조하다; 구조, 구출
transfer 갈아타다, 환승하다
get into ~에 들어가다 (타다)
room 자리(공간); 방
suddenly 갑자기
take one's place ~의 자리를 차지하다

Americans love apples. When Americans want to say that something is very American, they say it is "as American as apple pie." They even call New York City the "Big Apple." But apples were not always special in America. One man changed that. 3

John Chapman was born in 1774. His father owned an apple field. So Johnny spent most of his childhood around apple trees. He loved the taste of apples, and he even liked their color and shape. Johnny's dream was to plant apple trees everywhere and to enjoy apples with other people. 6 9

At that time, people were very poor, and many people didn't have enough food to eat. Johnny thought that apples would be a nice food for them. 12

Luckily, Johnny managed to get some free apple seeds from apple juice makers and planted them all. Then, he found more seeds and new places to plant them. He enjoyed the work and kept planting apple trees. He spent 49 years of his life doing this work. Thanks to his efforts, apple trees soon spread everywhere in the U.S. The work fed many hungry Americans at the most difficult times in the nation's history. 15 18

1 According to the passage, which set of words best fits in the blanks (A) and (B)?

> By   (A)   many apple trees in the United States, John Chapman helped to save people from   (B)   .

	(A)	(B)			(A)	(B)
①	planting	····· hunger		②	spreading	····· sickness
③	selling	····· hunger		④	selling	····· sickness
⑤	planting	····· sickness				

2 Which is NOT true about John Chapman?

① His father had an apple field.

② He loved everything about apples.

③ A farmer gave him some apple seeds.

④ He spent most of his life spreading apple seeds.

⑤ Planting apple trees everywhere was his dream.

Words

American	미국인; 미국적인 / relating to the United States
be born	태어나다 / come out of a mother's body
own	소유하다 / have something
field	밭, 들판 / an area of land, used for growing crops or keeping animals
childhood	어린 시절 / the period of time when someone is a child
shape	모양, 형태 / the appearance of something
plant	(나무, 씨앗 등을) 심다 / put a seed or young tree into the ground so that it will grow there
manage to	애를 써서 ~해내다 / succeed in doing something difficult
free	공짜의, 무료의 / without paying for something
seed	씨앗 / the small, hard object produced by a plant and from which a new plant can grow
thanks to	~ 덕분에, 때문에 / because of
effort	노력 / a series of activities needed to achieve something
feed	먹이다, 먹여 살리다(-fed-fed) / give food to a person or animal to eat

Review Test

정답과 해설 p.41

1 밑줄 친 단어와 바꾸어 쓸 수 있는 것은?

I asked the doctor how to <u>get rid of</u> a headache.

① disappear   ② prevent   ③ eliminate   ④ rescue

2 짝지어진 단어의 관계가 나머지와 <u>다른</u> 것은?

① common – unique   ② huge – tiny
③ departure – arrival   ④ feed – food

[3–4] 다음 빈칸에 알맞은 단어를 고르시오.

3

If you want to save money, don't spend it on _____ things.

① remarkable   ② useless   ③ free   ④ enough

4

_____, our baseball team lost the game.

① Simply   ② Instantly   ③ Morally   ④ Unfortunately

5 영영 풀이에 해당하는 단어는?

the smallest part of an animal or plant

① unit   ② cell   ③ shape   ④ seed

[6–7] 다음 문장의 괄호 안에서 알맞은 것을 고르시오.

6 You should like (you / your / yourself) first, or nobody can love you.

7 I started (work / worked / working) out after dinner.

8 다음 문장의 밑줄 친 부분을 바르게 고쳐 쓰시오.

While she was using a knife, she hurt <u>her</u> by mistake.

정답과 해설 p.42

1 이 글의 빈칸에 들어갈 말로 가장 적절한 것은?

① ideas　　　　　　　　② teeth

③ relations　　　　　　④ emotions

⑤ memories

2 껌 씹기에 대한 이 글의 내용과 일치하면 T, 일치하지 <u>않으면</u> F를 쓰시오.

(1) _____ 입 냄새를 제거해 준다.

(2) _____ 두뇌가 더 잘 활동하도록 만든다.

(3) _____ 씹는 활동을 많이 할수록 기억력이 떨어진다.

(서술형)

3 이 글을 다음과 같이 요약할 때, 빈칸에 들어갈 말을 본문에서 찾아 쓰시오.

> Chewing gum increases _____ flow in your brain. So it helps you _____ things better.

(G)

4 다음 문장의 괄호 안에서 알맞은 것을 고르시오.

(1) Regular exercise will make you (healthy / health).

(2) The contest made her (nervous / nervously).

Did You Know?

씹는 활동의 또 다른 효과

일본 규슈대 연구팀이 5년간 60세 이상 노인 1,566명의 치아 상태와 치매와의 관련성을 조사한 결과에 따르면, 치아가 1~9개 있는 노인은 치아가 20개 이상 있는 노인보다 치매에 걸릴 확률이 81% 높았다. 조사자들은 부족한 치아로 인해 씹는 활동이 원활하지 않은 것을 그 원인으로 보았다. 사람이 음식을 씹는 동안, 턱과 이의 운동이 대뇌 피질을 자극하고 뇌로 가는 혈류를 증가시켜 뇌에 많은 양의 산소를 공급한다. 이로 인해 치매 발생률이 낮아지게 된다.

Words

chew 씹다
get rid of 제거하다, 없애다
bad breath 입 냄새
test 실험하다, 시험하다
effect of A on B A가 B에 미치는 영향
divide A into B A를 B로 나누다 (가르다)
memorize 암기하다
cf. memory 기억력, 기억
according to ~에 따르면
increase 증가시키다, 늘리다; 증가하다
blood flow 혈류(량) *cf.* blood 피
brain 두뇌
active 활동적인, 활발한
as a result 결과적으로
improve 나아지다, 개선되다
excuse 핑계, 변명
in class 수업 중에
문 **4. nervous** 불안해 하는, 긴장한

26

Place

★★☆ / 144 words

Are you a poor swimmer? Don't worry. You will float without any effort in the *Dead Sea. The Dead Sea is a lake located along the border between Israel and Jordan. (ⓐ) Amazingly, swimmers are able to float on the surface of the Dead Sea without much effort. (ⓑ) They can even read books while lying on the water. (ⓒ) Since the Dead Sea is on low lying land, all of its water flows in from surrounding areas. (ⓓ) Unlike other lakes, the water has no way to flow out. (ⓔ) The only way out is to *evaporate. This is why the lake is so salty. In fact, the Dead Sea is eight times saltier than normal oceans. This makes the water denser and floating is easier. Because of its extremely high salt content, however, no animals or plants can survive in the Dead Sea.

*Dead Sea 사해 *evaporate 증발하다

Grammar Link

9행 | 배수사+비교급 + than ~: ~보다 (배수사)만큼 더 …한
The Dead Sea is **eight times saltier than** normal oceans.
= The Dead Sea is **eight times as salty as** normal oceans.
My room is **twice[two times]** bigger than his room.
= My room is **twice[two times] as big as** his room.

배수사 뒤에 동급 비교인
as ~ as를 사용해서 같은 뜻을
나타낼 수 있어요.

086 | LEVEL 5

1 이 글의 흐름으로 보아, 다음 문장이 들어가기에 가장 적절한 곳은?

> What makes this possible?

① ⓐ   ② ⓑ   ③ ⓒ   ④ ⓓ   ⑤ ⓔ

2 Dead Sea에 관한 설명 중, 이 글의 내용과 일치하지 <u>않는</u> 것은?

① 염도가 보통 바다들보다 8배 높다.

② 이스라엘과 요르단의 국경 사이에 있다.

③ 고도가 낮아서 주변의 물이 흘러 들어온다.

④ 다른 호수에 없는 특이한 동물과 식물이 산다.

⑤ 사람이 힘을 들이지 않고 물에 떠 있을 수 있다.

(서술형)

3 Dead Sea의 물의 염도가 높아지는 과정을 다음과 같이 나타낼 때, 빈칸에 들어갈 말을 본문에서 찾아 쓰시오.

> The altitude of the lake is very (A) _____.
>
> ⬇
>
> The water flows in from areas around the (B) _____.
>
> ⬇
>
> The water cannot flow (C) _____ of the lake.
>
> ⬇
>
> The water just has to (D) _____.
>
> ⬇
>
> The lake is much (E) _____ than normal seas.

Words

poor 잘 못하는, 실력 없는; 가난한
float 뜨다, 떠가다
effort 노력, 수고
located ~에 위치한
border 국경, 경계
surface 수면, 표면, 지면
lie 눕다, 누워 있다(-lay-lain/lying)
low lying land 낮은 땅, 저지대
surrounding 주위의, 근처의
area 지역
unlike ~와는 달리
the only 유일한
way out 탈출법(구); 해결책
salty 짠, 소금을 함유한
in fact 사실, 실제로
normal 보통의, 평범한
ocean 바다, 해양
dense 밀도가 높은
extremely 매우, 극도로
salt content 염분(소금기의 정도)
cf. content 함유량, 함량
survive 살아남다, 생존하다
문 3. altitude 고도
   out of ~의 밖으로

Ⓖ

4 다음 우리말과 일치하도록 주어진 단어를 배열하시오.

인간의 두뇌는 침팬지의 두뇌보다 세 배 더 크다.

The human brain is _____ the brain of a chimpanzee.   (than / times / bigger / three)

27

Psychology

★★★ / 172 words

Sometimes we can't control our feelings and do or say things we will regret later. When you find yourself in this situation, it's better to put your feelings in your emotional "backpack." That is, 3 instead of dealing with your strong emotions right then, wait until you calm down.

Suppose a friend says something unpleasant to you as you're 6 going to math class to take a test. You might feel like yelling at him, but you'd regret it later if you do. That's when you should put your feelings in your emotional backpack. 9

_____, if you keep adding your emotions in the backpack, it could get so full that your emotions may burst out. This will make you get angry at someone for no reason. Once in a 12 while, pull out the heaviest feeling from the backpack that bothers you, and deal with it. Talk politely to the person who upset you. Describe how you felt without accusing them. You might find out 15 some misunderstanding. Or they may apologize for upsetting you unintentionally.

Grammar Link

11행 | **so ~ that ...**: 너무[매우] ~해서 …하다

She studied **so hard that** she finally passed the exam.
그녀는 매우 열심히 공부해서 마침내 시험을 통과했다.

I was **so** nervous **that** I couldn't sleep at all.

cf. He runs every day **so that** he can stay healthy. ▶ so that+주어+동사: ~하기 위해
그는 건강을 유지하기 위해 매일 달리기를 한다.

정답과 해설 p.44

1 이 글의 필자가 주장하는 바로 가장 적절한 것은?

① 감정을 밖으로 분출해라.

② 하고 싶은 말을 명확히 해라.

③ 솔직하고 예의바르게 마음 속의 말을 해라.

④ 격한 감정은 마음이 차분해졌을 때 처리해라.

⑤ 나쁜 감정이 사라질 때까지 마음 속에 쌓아 두어라.

2 이 글의 빈칸에 들어갈 말로 가장 적절한 것은?

① Besides　　　　　② However

③ As a result　　　　④ Therefore

⑤ For instance

(서술형)

3 이 글의 밑줄 친 emotional "backpack"이 의미하는 내용을 우리말로 쓰시오.

4 쌓인 감정을 처리하는 방법으로 이 글에 제시된 방식과 일치하면 **T**, 일치하지 <u>않으면</u> **F**를 쓰시오.

(1) _____ Start with taking care of the less painful feelings.

(2) _____ Say how you feel without blaming the person who made you angry.

Ⓖ

5 다음 우리말과 일치하도록 주어진 말을 배열하시오.

그 문제는 너무 쉬워서 내 남동생도 답을 찾을 수 있다.

The question is _____.

(easy / my little brother / that / can find the answer / so)

Words

feeling 감정, 기분
regret 후회하다
later 나중에
situation 상황, 처지
emotional 감정의, 정서의
cf. emotion 감정, 정서
backpack 배낭
that is 즉, 말하자면
instead of ~대신에
deal with 처리하다, 다루다
then 그때
until ~할 때까지
calm down 진정하다; 진정시키다
suppose 가정하다; 생각하다
unpleasant 불쾌한, 불편한
take a test 시험을 보다
feel like ~ing ~하고 싶다
yell 소리지르다, 고함치다
keep ~ing 계속 ~하다
add 더하다
burst out 폭발하다, 터지다
for no reason 이유 없이
once in a while 가끔
pull out 꺼내다, 뽑다
bother 괴롭히다, 신경 쓰이게 하다
politely 공손히, 예의 바르게
upset 속상하게 하다
describe 말하다, 서술하다
without ~ing ~하지 않고
accuse 비난하다
misunderstanding 오해
apologize 사과하다
unintentionally 본의 아니게, 무심코
문 4. **take care of** ~을 처리하다; ~을 돌보다
　　painful 괴로운, 고통스러운
　　blame ~을 탓하다, 비난하다

Review Test

정답과 해설 p.46

1 짝지어진 단어의 관계가 나머지와 <u>다른</u> 것은?

① like – unlike
② prove – improve
③ pleasant – unpleasant
④ later – before

[2-3] 다음 빈칸에 알맞은 단어를 고르시오.

2

> My little brother is very _____, so he keeps moving and playing.

① poor
② normal
③ polite
④ active

3

> If we don't do anything about the trash problem, we'll face a serious _____.

① situation
② excuse
③ surface
④ effort

[4-5] 다음 영영 풀이에 해당하는 단어를 고르시오.

4

> say that you are sorry because you have hurt someone

① survive
② apologize
③ regret
④ accuse

5

> learn something to remember it exactly

① describe
② bother
③ memorize
④ suppose

[6-7] 다음 문장의 괄호 안에서 알맞은 것을 고르시오.

6 My brother keeps yelling at me, and it makes me (angry / angrily).

7 Her hair is (two / twice) longer than mine.

8 다음 우리말과 일치하도록 주어진 말을 바르게 배열하시오.

그녀의 목소리는 너무 작아서 나는 들을 수가 없었다.

_____

(that / small / couldn't hear her / her voice / so / was / I)

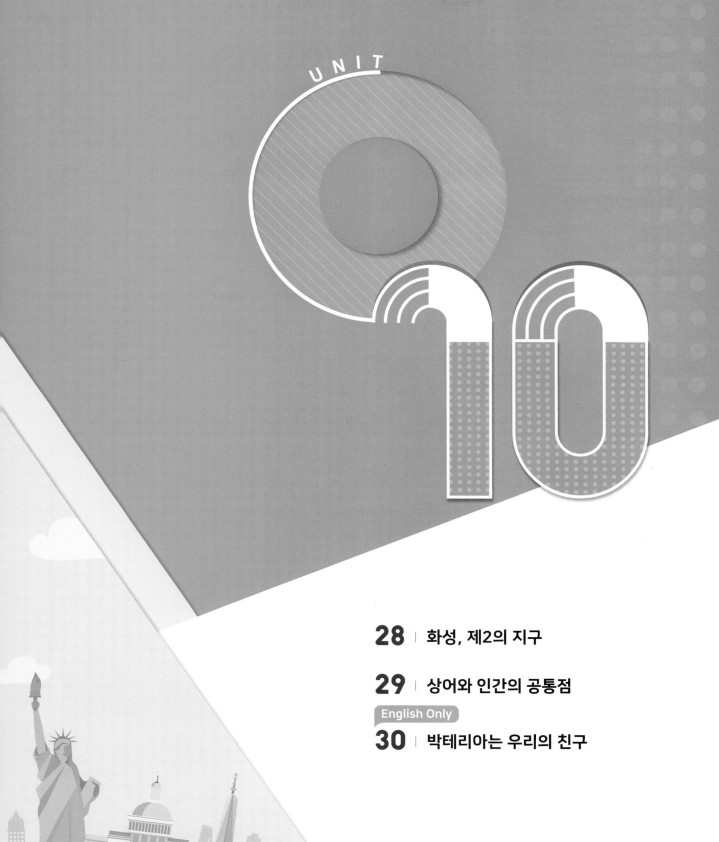

10

28

Universe

★★☆ / 127 words

"Ladies and gentlemen, we will be arriving on Mars in ten minutes. You may enjoy the beautiful scenery from the windows…"

(A) However, scientists have an idea that could make Mars comfortable for humans. 3

(B) This sounds like science fiction, but some scientists think it could happen in the future. 6

(C) At present, the average temperature on Mars is 60℃ below zero. Of course, there is no liquid water because everything is frozen. 9

The idea is to build a lot of giant mirrors in space. The mirrors would reflect sunlight toward Mars. Then, Mars would become warm enough for humans. Also, the heat from the mirrors would 12 melt the ice on Mars and provide fresh water for humans. If this were possible, people might be able to move to Mars.

Grammar Link

13행 | **가정법 과거: 만일 ~한다면 …할 텐데**
If + 주어 + 동사 과거형(be 동사는 were) ~, 주어 + would/should/could/might + 동사원형 …

If I had enough time, **I could help** you.
만일 시간이 충분하다면, 널 도울 수 있을 텐데.
(= I don't have enough time, so I cannot help you.)

If I were you, **I wouldn't say** such a thing. ▶ If절의 be동사는 were를 사용하는 것이 원칙임
만약 내가 너라면, 그런 말은 하지 않을 텐데.

가정법 과거는 현재
사실과 다른 상황이나
실현 가능성이 적은 일을
가정해서 말할 때 써요.

1 이 글의 (A), (B), (C)를 글의 흐름에 맞게 순서대로 배열한 것은?

① (A) − (B) − (C) ② (A) − (C) − (B)
③ (B) − (A) − (C) ④ (B) − (C) − (A)
⑤ (C) − (B) − (A)

(서술형)

2 이 글에서 현재 화성에서 인간이 살 수 <u>없는</u> 이유로 언급된 두 가지를 우리말로 쓰시오.

3 이 글의 밑줄 친 giant mirrors가 하는 역할과 결과에 대해 빈칸에 들어갈 말을 본문에서 찾아 쓰시오.

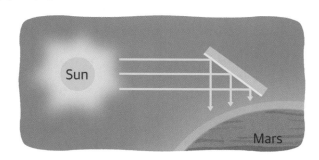

(1) Mars would get (A) _____ from the mirrors.
(2) The sunlight would (B) _____ the ice on Mars.
(3) Then, there would be (C) _____ _____ on Mars.
(4) (D) _____ could live on Mars.

G

4 다음 두 문장의 의미가 일치하도록 빈칸에 알맞은 말을 쓰시오.

I don't know his phone number, so I cannot call him.
= If I _____ his phone number, I _____ call him.

29

Life

★★☆ / 138 words

A shark usually grows to be 200 to 350 centimeters long in the ocean. If they are put in a little fish tank, however, they will be only 30 centimeters long even when fully grown. It is the same ₃ with our minds. If we only accept (A) common / uncommon , comfortable and easy ideas, our minds will not grow. In other words, a person with common ideas is like a shark growing up in a ₆ fish tank. If we take in big and difficult ideas, our minds will open and grow, just like a shark grows big in the ocean. If you want to grow to become great, (B) hold / leave your comfort zone. ₉ Challenge your mind and (C) avoid / experience many new things! Keep yourself open to new ideas. Read books that you normally wouldn't. Find great teachers. Travel the world. Go on ₁₂ adventures.

Grammar Link

1/9행 | 결과를 나타내는 to부정사의 부사적 용법: ~해서 (그 결과) …하다
She **grew up to be** a scientist. 그녀는 자라서 과학자가 되었다.
My mother **lived to be** 90 years old. 나의 어머니는 90세까지 사셨다.

결과의 to부정사가 포함된
문장은 앞에서부터
순서대로 해석해요.

1 이 글에서 인간의 마음을 비유하고 있는 것은?

① an ocean
② new ideas
③ a fish tank
④ a shark's body
⑤ a comfort zone

2 이 글을 다음과 같이 요약할 때, 빈칸 (A)와 (B)에 들어갈 말로 가장 적절한 것은?

| Our minds cannot ___(A)___ if we stay in our ___(B)___ . |

	(A)		(B)
①	grow	·····	comfort zone
②	develop	·····	open situation
③	get hurt	·····	comfort zone
④	develop	·····	challenge zone
⑤	grow	·····	dangerous situation

3 이 글의 (A), (B), (C) 각 네모 안에서 문맥에 맞는 표현으로 짝지어진 것은?

	(A)		(B)		(C)
①	common	·····	hold	·····	experience
②	common	·····	leave	·····	experience
③	uncommon	·····	leave	·····	experience
④	uncommon	·····	hold	·····	avoid
⑤	common	·····	leave	·····	avoid

Ⓖ

4 다음 중 밑줄 친 to부정사의 쓰임이 나머지와 다른 것은?

① He woke up to find himself famous.
② The boy grew up to be a great pianist.
③ I have lots of work to do this weekend.

Words

shark 상어
fish tank 수조
fully 완전히
mind 사고, 생각; 마음
accept 받아들이다
common 평범한, 보통의
(↔ uncommon)
grow up 성장하다, 자라다
take in ~을 받아들이다
hold 유지하다
comfort zone 안전지대
challenge (힘든 일에) 도전하다;
도전 의식을 북돋우다; 도전
experience 경험하다, 겪다
normally 보통은, 보통 때는
go on an adventure 모험을 떠나다
문 2. develop 발달하다
　　dangerous 위험한

30

Body

★★☆ / 168 words

Many people think that all bacteria are harmful. They are wrong! In fact, ninety percent of bacteria are helpful while only ten percent are harmful.

As soon as we are born, bacteria begin to grow all over our bodies. They can be found in our mouths, stomachs, *intestines and on our skin. How many bacteria live in our bodies? For every human cell, there are ten bacteria. Scientists say that about 2,000 trillion bacteria live in our bodies.

Bacteria are like guests. As a host, our bodies give bacteria food to eat and places to live. In return, bacteria take part in almost all the work our bodies do.

_____(A)_____, they help to break down food and digest it. They also help get rid of waste and fight off harmful bacteria and viruses. Some bacteria even create vitamins that our bodies cannot make. _____(B)_____, without the help of bacteria, our bodies could not do anything. Bacteria can survive without us, but we can't live without them.

*intestines 장. 창자

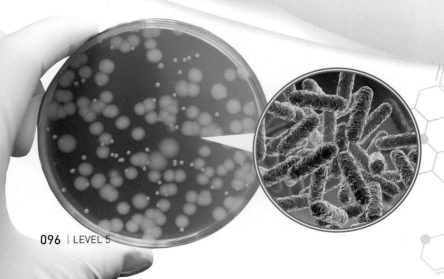

1 What is the best title for the passage?

① All Bacteria Are Different
② Bacteria Are Everywhere
③ Bacteria Can Be Grown
④ Humans Cannot Live Without Bacteria
⑤ Bacteria Cause Illnesses

2 Which one best fits in the blanks (A) and (B)?

	(A)	(B)		(A)	(B)
①	As a result	····· Otherwise	②	In other words	····· In short
③	In other words	····· Otherwise	④	For example	····· Similarly
⑤	For example	····· In short			

3 Which is NOT true about bacteria?

① They help fight off harmful viruses.
② They live in every part of our bodies.
③ They help to digest food and clean waste.
④ Some bacteria create vitamins for humans.
⑤ Their numbers are one-tenth of our body cells.

Words

harmful	해로운 / causing a bad effect on something else
stomach	위 / an organ inside the body where food is digested
trillion	1조 / the number 1,000,000,000,000
host	숙주 / a plant or animal that has another plant or animal living on it
in return	답례로, 보답으로 / as a way of thanking someone
take part in	~에 참가(참여)하다 / be one of a group of people doing an activity together
break down	분해하다, ~을 부수다 / separate something into smaller parts
digest	(음식을) 소화시키다, 소화하다 / change food in the stomach into substances that the body can use
get rid of	제거하다 / remove something unwanted
waste	노폐물; 쓰레기 / the useless materials that are left after using something
fight off	~와 싸워 물리치다 / make something go away by fighting against it
문 1. illness	병, 아픔 / a disease of the body or mind
2. in short	간단히 말하면 / in a few words

Review Test

정답과 해설 p.51

[1-2] 다음 빈칸에 알맞은 단어를 고르시오.

1

Smoking is very _____ to teens.

① harmful   ② helpful   ③ comfortable   ④ possible

2

The mirror _____ the sunlight.

① holds   ② describes   ③ memorizes   ④ reflects

[3-4] 다음 빈칸에 공통으로 들어가기에 알맞은 단어를 고르시오.

3

• Ice started to _____ in strong sunlight.
• To make tomato sauce, first _____ butter in a frying pan.

① provide   ② create   ③ melt   ④ digest

4

• To be a creative thinker, _____ common ideas.
• The work didn't _____ me at all, so I felt bored.

① challenge   ② accept   ③ avoid   ④ increase

5 우리말 풀이가 틀린 것은?

① below zero: 영하의   ② in return: 원래 상태로 복구된
③ take in: 받아들이다   ④ break down: ~을 분해하다

[6-7] 다음 괄호 안에서 알맞은 것을 고르시오.

6 If I (have / had) enough money, I could buy you a new computer.

7 I opened my eyes (to find / finding) that everyone was looking at me.

[8-9] 다음 우리말과 일치하도록 주어진 단어를 활용하여 문장을 완성하시오.

8 만약 내가 너라면, 나는 그 영화를 보지 않을텐데.
  If I _____ you, I wouldn't see that movie. (be)

9 그녀는 자라서 유명한 배우가 되었다.
  She _____ _____ _____ become a famous actress. (grow up)

1 이 글의 제목으로 가장 적절한 것은?

① What the Genes Do
② The Effects of Exercise
③ How to Burn More Calories
④ How to Get Over Your Weakness
⑤ Genes: The Hidden Cause of Your Fatness

2 이 글의 (A), (B), (C)의 각 네모 안에서 해당하는 단어가 바르게 짝지어진 것은?

	(A)		(B)		(C)
①	interview	·····	causes	·····	same
②	interview	·····	effects	·····	opposite
③	experiment	·····	causes	·····	opposite
④	experiment	·····	effects	·····	opposite
⑤	experiment	·····	causes	·····	same

(서술형)

3 이 글의 밑줄 친 your weakness가 의미하는 것을 우리말로 쓰시오.

Ⓖ

4 다음 우리말과 일치하도록 괄호 안에 주어진 단어를 알맞은 형태로 바꾸어 쓰시오.

그들이 역에 도착했을 때, 기차는 이미 떠났다.

When they arrived at the station, the train _____ already _____. (leave)

정답과 해설 p.53

Did You Know?

기초대사량

기초대사량은 생물체가 생명을 유지하는데 필요한 최소한의 에너지로 두뇌 활동이나 체온 유지, 호흡, 심장 박동 등 기초적인 생명 활동에 쓰이는 에너지량을 의미한다. 즉, 우리가 몸을 움직이지 않고도 기본적으로 소모되는 열량인 셈이다. 우리 몸의 에너지 공장이라고 불리는 근육은 기초대사량의 40% 가량을 쓰는 것으로 알려져 있다. 따라서 근육량이 늘어나면 기초 대사량도 높아져 우리 몸이 더 많은 열량을 소모하게 되므로, 전문가들은 유산소 운동과 근력 운동을 병행할 때 가장 효과적인 체중 조절이 가능하다고 조언한다.

Words

thin 마른 (↔ fat 뚱뚱한)
overweight 비만의, 과체중의
professor 교수
conduct an experiment 실험을 실시하다 cf. conduct 하다
burn 연소하다, 태워 없애다
lie 눕다 (-lay-lain) cf. lie-lied-lied (거짓말하다)
do nothing but ~하기만 하다
breathe 숨 쉬다
cf. breath 숨, 호흡
measure 측정하다
result 결과
cause ~을 야기하다, 초래하다; 원인
difference 차이, 다름
major 주요한, 중대한
effect 효과; 결과
gene 유전자
opposite 반대; 반대의
get over 극복하다 (=overcome)
weakness 약점
exercise 운동

33

Education

★★☆ / 185 words

You have an exam tomorrow. You have many subjects to study. What will you study first, the hard or easy subjects? You may think it's better to start with the easy subjects, finish them quickly and then move to the harder ones.

However, psychologists think that you should study the harder subjects first. Why? (ⓐ) Your brain is like a stomach. When your stomach is hungry, food is digested easily. When your stomach gets full, however, there is no place for more food. (ⓑ) Your stomach needs a break to get empty and hungry again.

(ⓒ) When you start studying, your brain is fresh and "___(A)___" so it accepts new information easily. (ⓓ) As you study more, your brain becomes full, and it cannot take in any more. Your brain needs time to "___(B)___" the information that is already in it. Psychologists say that new information should be introduced during the first 20 minutes of studying because this is the time we'll remember it best.

(ⓔ) So the next time you study, try the hard subjects first. You'll probably get much better results.

Grammar Link

11행 | 시간을 나타내는 접속사 as: ~할수록

As you study more, your brain becomes full. ▶ 주로 비교급과 함께 사용

As time went by, the situation got worse.

cf. **As** I was leaving, he arrived. 내가 떠나려고 할 때, 그가 도착했다. ▶ ~할 때

시간의 접속사 as는 '~할수록, ~할 때'의 두 가지 의미로 쓰여요.

1 이 글의 흐름으로 보아, 다음 문장이 들어가기에 가장 적절한 곳은?

> It is the same with your brain.

① ⓐ   ② ⓑ   ③ ⓒ   ④ ⓓ   ⑤ ⓔ

2 이 글의 빈칸 (A)와 (B)에 들어갈 말로 가장 적절한 것은?

	(A)		(B)
①	full	·····	eat
②	busy	·····	eat
③	full	·····	digest
④	hungry	·····	digest
⑤	hungry	·····	remember

3 이 글의 내용과 일치하면 T, 일치하지 <u>않으면</u> F를 쓰시오.

(1) _____ 공부를 시작하는 시점에 두뇌 활동이 가장 왕성하다.

(2) _____ 쉬운 과목을 먼저 끝내고 나중에 어려운 과목을 하는 것이 낫다.

(3) _____ 공부 시작 후 20분 동안은 학습에 적응하는 시점이다.

Ⓖ
4 다음 문장의 밑줄 친 **As**의 뜻에 해당하는 것을 보기 에서 고르시오.

┌ 보기 ┐
> ⓐ ~할 때   ⓑ ~할수록

(1) <u>As</u> she grew older, she became wiser.

(2) <u>As</u> I was having my dinner, the bell rang.

Words

subject 과목; 화제, 대상
psychologist 심리학자
digest (음식, 지식 등을) 소화하다
break 휴식, 쉬는 시간
empty 비어 있는, 빈
fresh 생기 넘치는, 활발한
accept 받아들이다, 수용하다
not ~ any more 더 이상 ~ 않다
(=not ~ any longer)
take in ~을 받아들이다, 흡수하다
probably 아마도
get results 결과를 얻다, 결과를
거두다 cf. result 결과
문 1. **the same with** ~도 마찬
가지다

Review Test

정답과 해설 p.56

1 짝지어진 단어의 관계가 나머지와 **다른** 것은?

① thin – fat   ② hobby – break

③ cause – effect   ④ empty – full

[2-3] 다음 빈칸에 알맞은 단어를 고르시오.

2

> He is poor, but happy. Money doesn't _____ his happiness.

① influence   ② protect   ③ accept   ④ cause

3

> The air was very dirty, and it was very hard to _____ .

① digest   ② breathe   ③ lie   ④ borrow

4 우리말 풀이가 **틀린** 것은?

① lose face: 부끄러워하다

② long time no see: 오랜만이다

③ conduct an experiment: 실험을 실시하다

④ not ~ any more: 더 이상 ~ 않다

5 빈칸에 공통으로 들어가기에 알맞은 것은?

> • I need to _____ over my illness before I can return to school.
> • I'm studying very hard to _____ good results on the test.

① have   ② cause   ③ get   ④ take

[6-7] 다음 밑줄 친 부분에 유의하여 바르게 해석하시오.

6 She has <u>few</u> pretty bags, so I'll buy one for her.

_____

7 <u>As</u> she gets older, she looks more like her mother.

_____

8 다음 문장의 밑줄 친 부분을 바르게 고쳐 쓰시오.

When I visited him, he <u>has</u> already left home.

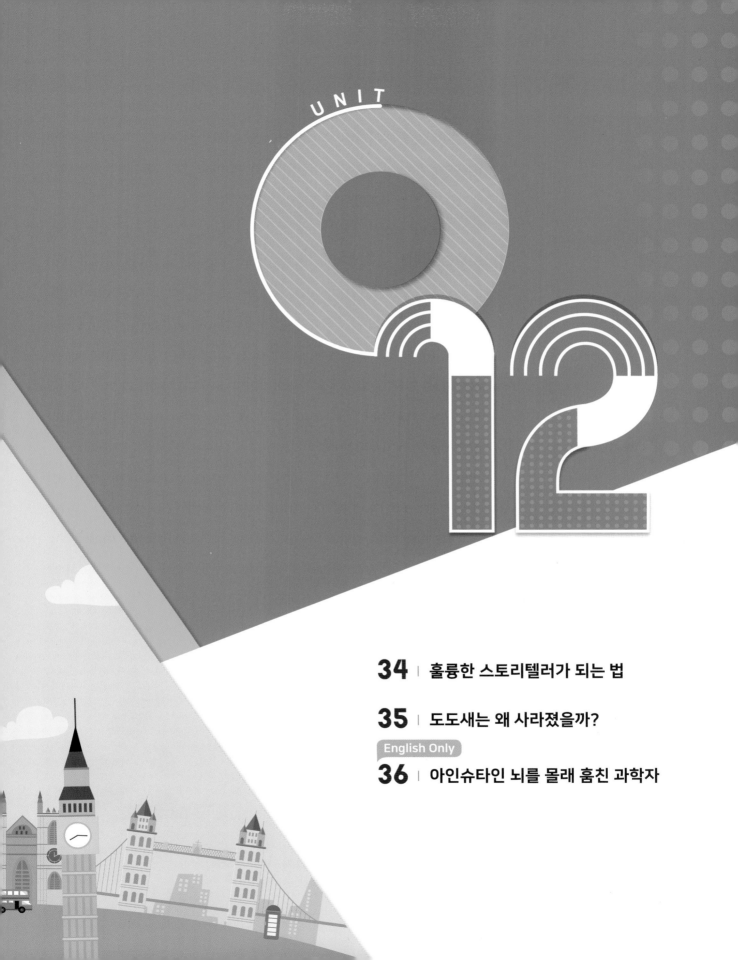

34

Language

★ ★ ☆ / 165 words

Good storytellers can make any story seem interesting. They can make you feel as if you are inside the story. They can make you experience the same feelings and thoughts as the story's characters. So how can you become a good storyteller?

First, *show*, *don't tell*. You can do this by "showing" the story through action scenes and focusing on details such as smells and sounds. Don't "tell" the story just by stating facts and opinions. For example, instead of saying "I had a cold (*tell*)," say "I was coughing and my nose was running all day (*show*)." ⓐ Instead of saying "It was hot (*tell*)," say "The sun burned my skin (*show*)." ⓑ By doing this, you lead your audience to use their imaginations and come to their own conclusions.

Second, fill your stories with emotions. ⓒ Include colorful descriptions so that your audience can physically feel those emotions too. ⓓ Use as many colors as possible to make the audience cheerful. ⓔ Instead of saying "I was scared," say "the hair stood up on the back of my neck."

Grammar Link

2행 | 접속사 **as if** : ~인 것처럼(=as though)
You look **as if** you haven't slept well. 너는 잘 자지 못한 것처럼 보인다.
It seems **as if** it is going to rain. 비가 올 것처럼 보인다.

110 | LEVEL 5

1 이 글의 ⓐ~ⓔ 중, 글의 전체 흐름과 관계 <u>없는</u> 문장은?

① ⓐ   ② ⓑ   ③ ⓒ   ④ ⓓ   ⑤ ⓔ

2 이 글의 주제로 가장 적절한 것은?

① the necessity of showing feelings

② how to write interesting stories

③ how to make your story more interesting

④ how to get information from the audience

⑤ how to use imagination when making stories

3 이 글의 글쓴이가 주장하는 대로 이야기하는 사람은 누구인가? (두 명)

① 종인: I felt sleepy since I didn't sleep at all.

② 준서: I was angry because he didn't greet me.

③ 정윤: I was so happy because I passed the test.

④ 유민: My mouth was watering when I saw the steak.

⑤ 서영: While watching the horror movie, my legs were shaking.

Ⓖ

4 다음 우리말과 일치하도록 주어진 말을 배열하시오.

그녀는 마치 나를 모르는 것처럼 행동했다.

She acted _____.

(know / if / didn't / she / me / as)

Words

storyteller 이야기꾼, 스토리텔러
action 활동; 행동
scene 장면, 광경
detail 상세한 내용, 세부 사항
state 말하다, 진술하다
opinion 의견
cough 기침하다
nose is running 콧물이 흐르다
lead ~ to ... ~가 …하게 하다
imagination 상상력
come to a conclusion 결론에 도
달하다 cf. conclusion 결론
include 포함하다
colorful 생생한, 흥미진진한; 다채
로운
description 표현, 묘사, 서술
so that ~ can... ~가 …하기 위
하여, …할 수 있도록
physically 신체적으로
cheerful 기분이 좋은; 명랑한
scared 겁먹은, 무서워하는
cf. scary 무서운, 겁나는
문 2. necessity 필요성
문 3. greet 인사하다, 환영하다
　　water 침이 나오다, 군침이
　　돌다; 물
　　horror movie 공포 영화

35

Animal

★★☆ / 143 words

   In 1598, Portuguese sailors arrived at the island of *Mauritius in the *Indian Ocean. The sailors saw big birds with small wings. The birds couldn't run or fly. They probably did not need to do so 3 because they didn't have any natural enemies. They just fed on fruits and nuts that fell on the ground. Since they had never seen humans, they didn't know that the sailors could be enemies, so 6 they weren't afraid of them. The sailors didn't understand this and thought the birds were stupid. This is why they called the birds "dodo," which means "stupid" in Portuguese. The sailors 9 hunted the birds for meat. More ships arrived, and the hunting continued. By 1681, the last dodo had disappeared from the world. Mauritius, once home to the dodo, is now a graveyard for the 12 gentle birds that "stupidly" welcomed the sailors.

* **Mauritius** 모리셔스(아프리카 동쪽의 섬나라)   * **Indian Ocean** 인도양

dodo~

Grammar Link

12행 | 콤마(,)를 이용한 동격 표현

Dennis, **my little brother**, is very smart.
나의 남동생 Dennis는 매우 똑똑하다.

We visited Paris, **the capital city of France**.
우리는 프랑스의 수도인 파리를 방문했다.

> 명사를 보충 설명할 때
> 뒤에 콤마(,)를 찍고
> 부가 설명을 덧붙여요.

정답과 해설 p.58

1 이 글의 제목으로 가장 적절한 것은?

① The Sailors' Cruel Hunting
② Dodos: Stupid Birds in Paradise
③ The Sailors Who Loved Bird Meat
④ Why Dodo Birds Welcomed the Sailors
⑤ Why All Dodo Birds Had Disappeared

2 도도새에 대한 이 글의 내용과 일치하면 T, 일치하지 않으면 F를 쓰시오.

(1) _____ 인도양의 모리셔스 섬에 살았으며 날개가 작았다.

(2) _____ 천적을 피해 달리거나 날아다녔다.

(3) _____ 땅에 떨어진 과일이나 열매를 먹고 살았다.

(서술형)

3 다음은 도도새가 dodo라는 이름을 갖게 된 이유를 설명한 것이다. 각 빈칸에 들어갈 말을 본문에서 찾아 쓰시오.

> The birds were not (A) _____ of the sailors because they had never met humans before. So, the birds got the name of dodo, meaning "(B) _____" in Portuguese.

(G)

4 동격의 콤마를 이용하여 다음 두 문장을 한 문장으로 연결하시오.

Sally joined the tennis club. She is my best friend.

=Sally, _____, joined the tennis club.

Words

Portuguese 포르투갈의; 포르투 갈어
sailor 선원, 뱃사람 *cf.* sail 항해하다
natural enemy 천적 *cf.* enemy 적, 적대자
feed on ~을 먹고 살다
nut 견과
stupid 바보; 어리석은, 멍청한
hunt 사냥하다 *cf.* hunting 사냥
once (과거) 한때, 언젠가
home to ~ ~의 서식지, 본고장
graveyard 묘지
gentle 온순한
문 1. **cruel** 잔인한, 잔혹한
    paradise 낙원, 천국

36

Story

★★★ / 166 words

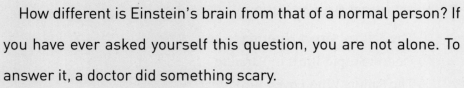

How different is Einstein's brain from that of a normal person? If you have ever asked yourself this question, you are not alone. To answer it, a doctor did something scary.

3

On April 18, 1955, Einstein died at Princeton Hospital from heart disease. He was 76. Immediately after, a doctor named Thomas Harvey was called to examine his body. But Harvey was very curious about Einstein's brain and did something terrible. He secretly removed Einstein's brain for his own research. When Einstein's family realized what he did, they protested. In the end, Harvey managed to get the approval of Einstein's son.

6

9

Harvey conducted his research alone for many years. However, he eventually handed the brain over to scientists. Upon examination, they found something unusual in the part of Einstein's brain that is responsible for mathematical skills and imagination. It had more wrinkles and was about 15% larger than the brains of most people. Did the abnormality in Einstein's brain make him a great scientist? Nobody knows.

12

15

1 What is the passage mainly about?

① how Einstein lived and died

② the unusual research on Einstein's brain

③ a scientist who worked with Einstein

④ the relationship between IQ and brain

⑤ Einstein's hard work and achievement

2 According to the passage, which is NOT true about Thomas Harvey?

① He was overly interested in Einstein's brain.

② In the end, he passed Einstein's brain to other scientists.

③ He was asked to examine Einstein's body after his death.

④ He kept the research on Einstein's brain a secret for many years.

⑤ He removed Einstein's brain after getting his family's permission.

3 Choose the appropriate word in (A), (B) and (C) in the box.

> Einstein's brain is (A) normal / abnormal in the part that is responsible for mathematical skills and imagination. It had (B) less / more wrinkles and was (C) larger / heavier than most people's.

Words

normal	보통의, 평범한 (↔ abnormal) / usual or ordinary
immediately	즉시, 곧 / now or without any delay
examine	검사하다 (*n.* examination 조사, 검사) / look at a person or thing carefully
terrible	끔찍한, 무서운 / extremely bad
secretly	은밀히, 비밀로 / in a way that people do not know or are not told or shown to anyone else
remove	~을 떼어내다, 제거하다 / take something or someone off from somewhere
protest	~에 항의하다, 이의를 제기하다 / say or show that you are against something
approval	승인, 허가 / the decision to allow to do something
conduct	하다, 행하다 / plan and do something
eventually	마침내, 결국 / in the end, especially after a lot of effort
hand ~ over	~을 넘겨주다 / give something to someone else
mathematical	수학의, 수리의 (*n.* mathematics 수학) / relating to mathematics
wrinkle	주름 / a small fold
abnormality	이상, 비정상 / the condition of not being normal

Review Test

[1-2] 다음 빈칸에 알맞은 단어를 고르시오.

1

> If I make the same mistake again, I'm _____.

① cheerful   ② normal   ③ scary   ④ stupid

2

> He left the town so _____ that nobody knew he had left.

① eventually   ② secretly   ③ probably   ④ physically

[3-5] 다음 각 문장의 빈칸에 알맞은 말을 보기 에서 골라 쓰시오.

> 보기
>
> conduct   remove   include

3 Please _____ the stain on this shirt.

4 Her new album will _____ ten songs.

5 The scientists will _____ many experiments for the research.

6 다음 문장의 괄호 안에서 알맞은 것을 고르시오.

She speaks English (as if / so that) she is a native speaker.

[7-8] 다음 우리말과 일치하도록 주어진 말을 바르게 배열하시오.

7 그들은 사실을 알고 있는 것처럼 고개를 끄덕였다.

They _____.

(nodded their heads / if / they knew / as / the fact)

8 교사이자 음악가인 Brown씨가 오늘 연주회를 할 것이다.

_____ today.

(a concert / a teacher and musician / will give / Mr. Brown)

Word Hunter

● 주어진 뜻에 맞게 단어를 완성한 후, 각 번호에 해당하는 알파벳으로 문장을 만드시오.

Words

1 r s e h a p 구, 관용구

☐☐☐☐☐☐
　　12　　　　19

2 c e t e l p a b a c 용인되는, 받아들여지는

☐☐☐☐☐☐☐☐☐☐
　　　　　13　　4

3 e r i e t l b r 끔찍한, 무서운

☐☐☐☐☐☐☐☐
　　　　5　14

4 k s a s w e n e 약점

☐☐☐☐☐☐☐☐
　1　　　　　6

5 f o r u l c o l 생생한, 흥미진진한

☐☐☐☐☐☐☐☐
　　　　　　15　8

6 l e i n c e f n u ~에 영향을 주다

☐☐☐☐☐☐☐☐☐
　　10　　　　　　18

7 p s o t e o p i 반대; 반대의

☐☐☐☐☐☐☐☐
　　　　　11　　2

8 e t l d a i 상세한 내용, 세부사항

☐☐☐☐☐☐
　16　　　　3

9 n e t e g l 온순한

☐☐☐☐☐☐
　7　　9

10 r o l n a m 보통의, 평범한

☐☐☐☐☐☐
　　17

Sentence

☐☐☐☐ ☐☐☐☐☐ ☐☐ ☐☐☐☐ ☐☐☐☐.
1　2　3　4　5　6　7　8　9　10　11　12　13　14　15　16　17　18　19

An International Generation

해석 **[국제적인 세대]** 야옹! / 다른 언어를 말한다는 건 멋진 일임에 틀림 없어!

READER'S BANK

WORKBOOK

UNIT별 어휘 문제 및 주요 문장 해석하기

Level 5

visang

ABOVE IMAGINATION

우리는 남다른 상상과 혁신으로
교육 문화의 새로운 전형을 만들어
모든 이의 행복한 경험과 성장에 기여한다

READER'S BANK

Level **5**

WORKBOOK

UNIT별 어휘 문제 및 주요 문장 해석하기

A 다음 영어 단어나 표현의 우리말 뜻을 쓰시오.

1 control _____

2 situation _____

3 heat _____

4 viewer _____

5 overnight _____

6 mixed _____

7 content _____

8 connection _____

9 subtitle _____

10 including _____

11 makeup _____

12 volume _____

13 full-time job _____

14 night or day _____

15 get tired of _____

16 sleep habit _____

17 feel the same way _____

18 music note _____

19 due to _____

20 body temperature _____

B 다음 우리말에 해당하는 영어 단어나 표현을 쓰시오.

1 청중, 관중 _____

2 대신하다, 대체하다 _____

3 기간, 시기 _____

4 창조하다, 창작하다 _____

5 기술, 기법 _____

6 반응 _____

7 조언 _____

8 성공 _____

9 정서의, 감정의 _____

10 의견, 댓글; 논평, 언급 _____

11 유사한, 비슷한 _____

12 따르다 _____

13 ~을 더 좋아하다 _____

14 공유 _____

15 생계를 꾸리다 _____

16 느려지다, 약해지다 _____

17 A를 B에 쓰다 _____

18 실현되다, 이루어지다 _____

19 공연하다 _____

20 ~에 주목하다 _____

01 로봇의 피아노 연주회

○ 다음 각 문장의 밑줄 친 부분에 유의하여 해석하시오.

1 Robots <u>have started</u> to take many human jobs.

_____

2 This worry may be <u>coming true</u>.

_____

3 He can play 800 songs <u>without looking</u> at music notes.

_____

4 Teo has learned about 100 piano techniques, <u>including</u> controlling volume and speed, and plays every note correctly.

_____

5 When Teo visited Korea in May of 2016, he <u>gave an amazing performance</u>.

_____

6 The responses were mixed: <u>some</u> enjoyed it, <u>others</u> didn't.

_____

7 <u>Those who</u> didn't enjoy it said, "We cannot feel an emotional connection to robots."

_____

○ 다음 각 문장의 밑줄 친 부분에 유의하여 해석하시오.

1 Many people feel the same way after lunch.

_____

2 They may think that eating lunch makes them feel sleepy.

_____

3 In the summer, they may think it is due to the heat.

_____

4 In the early afternoon your body temperature goes down.

_____

5 This makes you slow down and feel sleepy.

_____

6 Scientists tested sleep habits in situations where there was no night or day.

_____

정답 p.62

○ **다음 각 문장의 밑줄 친 부분에 유의하여 해석하시오.**

1 Some people use it as a way to <u>make a living</u>.

_____

2 If your dream is <u>to become a YouTuber</u>, here are some tips.

_____

3 If you love your topic, you won't <u>get tired of</u> it even after spending a lot of energy on it.

_____

4 Viewers usually decide <u>if</u> they like videos in less than one minute.

_____

5 Your videos should be <u>easy to understand</u>.

_____

6 And <u>pay attention to</u> your viewers' comments.

_____

7 Then you can know <u>what they like</u> and make your videos better.

_____

A 다음 영어 단어나 표현의 우리말 뜻을 쓰시오.

1 differ   _____

2 thought   _____

3 intend   _____

4 subject   _____

5 respect   _____

6 wave   _____

7 discuss   _____

8 entertainment   _____

9 present(*v.*)   _____

10 technology   _____

11 actively   _____

12 ending   _____

13 film   _____

14 reasoning   _____

15 viewpoint   _____

16 two-way street _____

17 be aware of   _____

18 allow ~ to ...   _____

19 become aware of _____

20 wait and see   _____

B 다음 우리말에 해당하는 영어 단어나 표현을 쓰시오.

1 상호작용을 하다   _____

2 효과가 있다; 일하다 _____

3 환경   _____

4 자질, 성격; (물건의) 질 _____

5 설득하다   _____

6 조용한   _____

7 선택   _____

8 의견, 견해   _____

9 여러 가지의, 다양한 _____

10 긴장을 풀다   _____

11 방법   _____

12 등장인물   _____

13 설명하다   _____

14 경험   _____

15 달라지다; 다르다 _____

16 최근에   _____

17 서로   _____

18 ~와 시간을 보내다 _____

19 ~에 따라   _____

20 ~을 제어[통제]하다 _____

정답 p.62

○ 다음 각 문장의 밑줄 친 부분에 유의하여 해석하시오.

1 In Israel, this method is called "havruta," <u>meaning</u> "friendship" in Hebrew.

_____

2 They <u>ask each other questions</u> and discuss subjects actively.

_____

3 When <u>one</u> person understands something, he or she explains it to <u>the other</u>.

_____

4 When their opinions differ, they <u>try to persuade</u> their partner by presenting their own thoughts and reasoning.

_____

5 <u>In this way</u>, students become aware of various viewpoints and understand their subject more deeply.

_____

6 It might not work for everyone, but <u>the people who</u> use *havruta* seem to enjoy it.

_____

○ 다음 각 문장의 밑줄 친 부분에 유의하여 해석하시오.

1 But new technology is changing <u>how</u> we watch films.

_____

2 Now we can interact with <u>what we watch</u>.

_____

3 <u>Depending on</u> the choices they make, the ending of a film can be happy or sad.

_____

4 They can even decide <u>what</u> food the characters will eat for breakfast or <u>where</u> they will go.

_____

5 In 2018, Netflix, a famous Internet entertainment service, made a film that <u>allows the audience to have</u> these special experiences.

_____

6 This way, the audience now <u>have</u> more <u>control over</u> what they watch.

_____

○ **다음 각 문장의 밑줄 친 부분에 유의하여 해석하시오.**

1 Recently, I met a boy at school <u>who</u> is kind, fun, and cool.

_____

2 He has all the qualities I ever wanted in a boyfriend, and I think I'm <u>falling in love</u> with him.

_____

3 I'm worried my friend will hate me if I <u>hang out with</u> him.

_____

4 But <u>let her know</u> your friendship is important, too.

_____

5 But this is a <u>two-way street</u>.

_____

6 If she is honest with you and says she also plans to <u>ask him out</u>, you have to respect her wishes.

_____

7 In time, you will know <u>what to do</u>.

_____

A 다음 영어 단어나 표현의 우리말 뜻을 쓰시오.

1 equal _____

2 predict _____

3 population _____

4 spread _____

5 natural _____

6 genius _____

7 ginger _____

8 series _____

9 nationality _____

10 cause (*v.*) _____

11 rank (*v.*) _____

12 chopped _____

13 cure (*n.*) _____

14 correctly _____

15 have ~ in common _____

16 blood circulation _____

17 in a hurry _____

18 have a cold _____

19 that's why _____

20 take a bath _____

B 다음 우리말에 해당하는 영어 단어나 표현을 쓰시오.

1 열, 뜨거움 _____

2 국제적인 _____

3 이상한 _____

4 개선하다, 향상시키다 _____

5 인종 _____

6 표현 _____

7 재주, 재능 _____

8 섞다, 혼합하다 _____

9 활발한, 활동적인 _____

10 ~을 완전하게 만들다 _____

11 공통의, 흔한 _____

12 배경 _____

13 양파 _____

14 지능 _____

15 언어 _____

16 ~으로 잘 알려진 _____

17 ~에 참가하다 _____

18 확실히 _____

19 원어민 _____

20 ~하는 게 어때? _____

정답 p.63

○ 다음 각 문장의 밑줄 친 부분에 유의하여 해석하시오.

1 When people are <u>in a hurry</u>, they eat foods like hot dogs and hamburgers.

_____

2 <u>I</u>f you chose "fast food," you're right.

_____

3 The expression "fast food" seems natural, but "quick food" <u>sounds strange</u> to native speakers.

_____

4 <u>No one</u> really knows for sure.

_____

5 It's just <u>how</u> native speakers say it.

_____

6 Learning collocations will <u>help you read</u> faster.

_____

7 Collocations allow you to predict <u>what words will come before or after other words</u>.

_____

08 감기 뚝! 세계의 감기 민간요법

○ 다음 각 문장의 밑줄 친 부분에 유의하여 해석하시오.

1 When Americans have a cold, they drink a lot of orange juice.

_____

2 Then they take a hot bath and try to sleep.

_____

3 It is made by mixing milk and chopped onion together and boiling it for about 20 minutes.

_____

4 They believe hot onion milk improves blood circulation and makes the body warm.

_____

5 As you can see in the above examples, the most common cure for colds is to keep the body warm.

_____

6 It's because viruses that cause colds are weak in the heat.

_____

7 That's why colds spread more easily in winter.

_____

09 천재들의 모임, 멘사

다음 각 문장의 밑줄 친 부분에 유의하여 해석하시오.

1 <u>If so</u>, you could join Mensa!

_____

2 The name Mensa <u>comes from</u> the Latin word for "table."

_____

3 Around a table, <u>nobody</u> sits higher or lower than others — everybody is equal.

_____

4 There are 2,400 members in South Korea, <u>which</u> ranks eighth in the world.

_____

5 Members <u>have</u> just one thing <u>in common</u>: high intelligence.

_____

6 Members have <u>the chance to talk</u> to other geniuses and share ideas.

_____

7 If you're interested in joining, <u>why not</u> visit the Mensa website today?

_____

A 다음 영어 단어나 표현의 우리말 뜻을 쓰시오.

1 trick _____

2 attraction _____

3 instantly _____

4 method _____

5 park _____

6 arrow _____

7 empty _____

8 the woods _____

9 sale (*n.*) _____

10 back (*ad.*) _____

11 left (*a.*) _____

12 get scared _____

13 be about to _____

14 be gone _____

15 point to _____

16 right away _____

17 break the law _____

B 다음 우리말에 해당하는 영어 단어나 표현을 쓰시오.

1 뒤쫓다 _____

2 지역 _____

3 (화살의) 촉, (뾰족한) 끝 _____

4 사라지다 _____

5 신화 _____

6 소리치다, 외치다 _____

7 불법의, 위법의 _____

8 장난기 많은 _____

9 판매자 _____

10 벌금; 좋은 _____

11 표지, 간판 _____

12 상품, 제품 _____

13 ~에 책임이 있다 _____

14 ~에 익숙한, 친숙한 _____

15 거짓말하다 _____

16 즉각, 즉시 _____

17 ~을 놀리다, 비웃다 _____

● 정답 p.63

○ 다음 각 문장의 밑줄 친 부분에 유의하여 해석하시오.

1 Since she was not <u>familiar with</u> the area, she parked her car along the side of a street.

_____

2 And then she went into a store <u>to shop</u>.

_____

3 When she came out, she was <u>surprised to find</u> a police officer standing beside her car.

_____

4 You're <u>going to have to</u> pay a fine of twenty dollars.

_____

5 He asked, <u>pointing to</u> a sign near where they were standing.

_____

6 <u>That's why</u> I parked here!

_____

정답 p.63

○ 다음 각 문장의 밑줄 친 부분에 유의하여 해석하시오.

1 But did you know that when Romeo died for Juliet, he had only known her for five days?

_____

2 One scientist says that because Romeo and Juliet's parents tried to stop their love, they felt an even greater attraction to each other!

_____

3 When something we want is about to disappear, we feel like we want it more.

_____

4 Many people use this "Romeo and Juliet method" to sell goods.

_____

5 You can see sellers shouting at buyers, "Only three days left! Buy before it's gone!"

_____

6 Buyers get scared that they won't be able to buy it later, so they buy right away.

_____

12 사랑의 신, 에로스의 두 화살

○ 다음 각 문장의 밑줄 친 부분에 유의하여 해석하시오.

1 Have you ever loved someone who did not <u>love you back</u>?

_____

2 It <u>could</u> be because of the love god's tricks.

_____

3 One of the arrows has a golden point, and it <u>makes you fall in love</u> when you get shot.

_____

4 <u>The other</u> arrow has a lead point, and it makes you run away.

_____

5 Sometimes Eros <u>played tricks with</u> his arrows.

_____

6 One day, Eros decided to <u>make fun of</u> the god Apollo.

_____

7 <u>Every time</u> he got close to her, she ran away.

_____

8 You may not <u>be responsible for</u> it.

_____

A 다음 영어 단어나 표현의 우리말 뜻을 쓰시오.

1 ability

2 view

3 solve

4 dangerous

5 screen

6 similarly

7 female

8 secretary

9 imagine

10 despite

11 simply

12 straw

13 spaceship

14 let's say

15 human being

16 get hurt

17 turn into

18 get inside

19 sleeping bag

20 can't wait to

B 다음 우리말에 해당하는 영어 단어나 표현을 쓰시오.

1 떠돌다; 뜨다

2 반, 절반

3 행성

4 성, 성별

5 설명하다

6 아주 작은

7 지시, 명령

8 (동물이) 짝짓기를 하다

9 우주 비행사

10 특정한

11 수컷, 남성(인)

12 모든 곳, 어디나

13 보내는 사람, 발송자

14 유감스럽게도

15 안전벨트

16 A가 B하는 것을 막다

17 일련의

18 멀리

19 A를 B로 번역하다

20 A를 B로부터 보호하다

13 성별을 바꿀 수 있는 물고기

정답 p.64

○ 다음 각 문장의 밑줄 친 부분에 유의하여 해석하시오.

1 Can a female <u>turn into</u> a male?

_____

2 But some fish, <u>like</u> gobies, have the ability to change sex.

_____

3 Coral is a perfect place for these tiny fish because it <u>protects them from big fish.</u>

_____

4 Therefore, even when they have to find a partner to mate, gobies don't go too <u>far away</u> from home.

_____

5 So what if there are only <u>female gobies living</u> in the coral?

_____

6 In that case, half of the fish can simply <u>change their sex from female to male.</u>

_____

7 And, interestingly, <u>it only takes</u> 30 days for gobies to change their sex.

_____

8 <u>What an amazing ability!</u>

_____

14　우주 비행사들의 일상생활

○ 다음 각 문장의 밑줄 친 부분에 유의하여 해석하시오.

1　Life in a spaceship is quite different from life on Earth, and it can be difficult.

_____

2　The biggest challenge for astronauts is living without gravity because everything floats around.

_____

3　This explains why astronauts must use straws.

_____

4　Similarly, astronauts must get inside sleeping bags and wear safety belts to sleep.

_____

5　This prevents them from floating around and getting hurt while sleeping.

_____

6　Despite these difficulties, most astronauts say they can't wait to go back to space.

_____

7　Imagine how amazing it must be to see views of planets and stars that almost no one else can see.

_____

8　It must be worth all the trouble.

_____

15 알고리즘과 코딩

다음 각 문장의 밑줄 친 부분에 유의하여 해석하시오.

1 Computer programming is a way of giving computers instructions about <u>what they should do</u>.

_____

2 For example, <u>let's say</u> that you want to make a "secretary" program that lets you know when an email arrives from your teacher.

_____

3 An algorithm is a series of steps which are needed <u>to solve</u> a particular problem.

_____

4 Unfortunately, a computer is <u>not as smart as</u> a human being, so you have to give it detailed directions.

_____

5 Check the mailbox <u>every five minutes</u>.

_____

6 If there's a new email, check and see <u>if</u> the sender is my teacher.

_____

7 Since computers cannot understand the English or Korean language, you must <u>translate</u> it <u>into</u> a "programming language" such as C^{++}, python or Java.

_____

8 This translating work is <u>referred to as</u> coding.

_____

정답 p.64

A 다음 영어 단어나 표현의 우리말 뜻을 쓰시오.

1 friendship _____
2 include _____
3 growth _____
4 information _____
5 pray _____
6 content _____
7 goddess _____
8 faith _____
9 sculpture _____
10 quote _____
11 performance _____
12 perform _____
13 effect _____
14 morally _____
15 self-confidence _____
16 not take one's eyes off _____
17 B as well as A _____
18 these days _____
19 at least _____
20 break the copyright law _____

B 다음 우리말에 해당하는 영어 단어나 표현을 쓰시오.

1 대화 _____
2 엄청난, 막대한 _____
3 나타내다, 반영하다 _____
4 붙이다 _____
5 실제로 _____
6 도용하다, 훔치다 _____
7 십 대 _____
8 자료, (자료의) 출처; 원천 _____
9 제공하다, 공급하다 _____
10 동경하다; 존경하다 _____
11 방지하다, 피하다 _____
12 조각상 _____
13 원래의, 본래의 _____
14 관계 _____
15 맨 아래 (부분) _____
16 기대 _____
17 또한, 게다가 _____
18 ~와 상호작용을 하다 _____
19 살아나다 _____
20 함께 시간을 보내다, 어울리다 _____

정답 p.65

○ 다음 각 문장의 밑줄 친 부분에 유의하여 해석하시오.

1 These days, students don't <u>spend much time doing</u> their homework.

_____

2 However, this is a huge problem because stealing others' work is morally wrong and could also <u>break the copyright law</u>.

_____

3 One way is to paraphrase, <u>or</u> rewrite the original content.

_____

4 You should try to write things <u>in your own words</u> and also include your own ideas.

_____

5 At least <u>two-thirds of</u> your writing should be based on your own thoughts.

_____

6 In addition, <u>every time</u> you use someone else's ideas or quote their writing, you must cite or write the sources at the bottom of your report.

_____

7 That way you can actually learn something <u>as well as</u> avoid breaking copyright law.

_____

십 대들의 우정

정답 p.65

○ 다음 각 문장의 밑줄 친 부분에 유의하여 해석하시오.

1 Friendship among teenagers is <u>different from</u> friendship among children.

_____

2 For one thing, teens "<u>hang out</u>"; they don't play.

_____

3 It <u>could</u> mean enjoying activities, visiting places and meeting other people together.

_____

4 In other words, their friendships <u>change from</u> playing with friends <u>to</u> hanging out and talking.

_____

5 This change reflects teens' growth in <u>thinking abilities</u>.

_____

6 There are some conversations about their future, but there are many more conversations about topics <u>such as</u> their friendship, school life, their problems and other people they admire or interact with.

_____

● 정답 p.65

○ 다음 각 문장의 밑줄 친 부분에 유의하여 해석하시오.

1 He <u>named</u> the beautiful sculpture Galatea.

_____

2 She was <u>so</u> lovely <u>that</u> he could not take his eyes off her.

_____

3 She was <u>not</u> a living woman <u>but</u> just a hard, cold statue of stone and ivory.

_____

4 The statue <u>came to life</u>.

_____

5 Today, the name Pygmalion is often used to talk about the <u>effects of</u> a teacher's expectations <u>on</u> a student's performance.

_____

6 For example, if a teacher expects that his student's ability will grow, the student's <u>self-confidence</u> will grow and he or she will perform better.

_____

7 If you want people to change, show your <u>faith in</u> them.

_____

8 Then, they may start to change and <u>meet your expectations</u>.

_____

A 다음 영어 단어나 표현의 우리말 뜻을 쓰시오.

1 damage _____

2 object _____

3 scary _____

4 eliminate _____

5 attack _____

6 tip _____

7 scene _____

8 incorrect _____

9 powerful _____

10 serious _____

11 fast-moving _____

12 remaining _____

13 underline _____

14 key (*a.*) _____

15 course _____

16 as thanks _____

17 over and over again _____

18 by itself _____

19 do well on a test _____

20 never forget to _____

B 다음 우리말에 해당하는 영어 단어나 표현을 쓰시오.

1 발견하다 _____

2 다양한, 여러 가지의 _____

3 떠나다 _____

4 ~을 가지다, 포함하다 _____

5 관심, 주목 _____

6 파괴하다 _____

7 선택하다 _____

8 관측하다, 관찰하다 _____

9 절대적인, 절대의 _____

10 안내하다, 이끌다 _____

11 특정한 _____

12 가능성 _____

13 처음으로 _____

14 공상 과학 _____

15 꺼내다, 빼다 _____

16 호의에 보답하다 _____

17 ~에 유의하다, 주목하다 _____

18 불을 피우다 _____

19 줄을 그어 지우다 _____

20 ~로 가는 길에 _____

19 객관식 시험 만점 받는 비결

○ 다음 각 문장의 밑줄 친 부분에 유의하여 해석하시오.

1 What is <u>the best way to do well</u> on multiple-choice tests?

_____

2 Read the questions <u>over and over again</u> because they often contain important information.

_____

3 <u>Cross out</u> the wrong answers.

_____

4 If you <u>are sure that</u> some answers are incorrect, eliminate them and focus on the remaining answers.

_____

5 This will save time and give you a better <u>chance of selecting</u> the correct answer.

_____

6 If the answers contain words <u>like</u> "all," "never," "always" or "none," they are likely to be wrong, so avoid the ones with these absolute words.

_____

20 꿀이 있는 곳으로 안내하는 새

○ 다음 각 문장의 밑줄 친 부분에 유의하여 해석하시오.

1 In Africa, <u>there lives</u> an amazing bird called a honeyguide.

_____

2 Can you guess <u>what this bird loves</u>?

_____

3 The bird cannot get honey <u>by itself</u>, but it knows how to get help from humans.

_____

4 <u>Once</u> the human sees the bird, it starts its amazing guide service.

_____

5 When they get there, the human <u>makes a fire</u> under the nest.

_____

6 The human takes out the honey, but <u>never forgets</u> to give some to the bird.

_____

7 Africans believe that if they don't <u>return this favor</u>, something bad will happen.

_____

정답 p.65

○ 다음 각 문장의 밑줄 친 부분에 유의하여 해석하시오.

1 It <u>could</u> happen in the future.

_____

2 Asteroids move around the sun <u>just like</u> Earth, but they're much smaller than Earth.

_____

3 There are <u>millions of</u> asteroids of various sizes.

_____

4 A little asteroid is <u>as small as</u> a bus, but a big one can be <u>as large as</u> Korea.

_____

5 They believe that the asteroid attack <u>could</u> cause serious damage to Earth because it <u>could</u> be more powerful than 60,000 nuclear bombs.

_____

6 Scientists say the possibility of <u>the asteroid hitting</u> Earth is very low (1 in 45,000), but they are still worried.

_____

7 The asteroid might hit another object <u>on its way to</u> Earth, and this might change its course closer to the Earth.

_____

A 다음 영어 단어나 표현의 우리말 뜻을 쓰시오.

1 disease _____

2 transfer _____

3 strike _____

4 own(*v.*) _____

5 cell _____

6 sink _____

7 American _____

8 lifeboat _____

9 seed _____

10 shape _____

11 journey _____

12 unfortunately _____

13 tail _____

14 effort _____

15 feed _____

16 no longer _____

17 kill oneself _____

18 on board _____

19 just like _____

20 a huge number of _____

B 다음 우리말에 해당하는 영어 단어나 표현을 쓰시오.

1 구하다, 구조하다 _____

2 출발 _____

3 구성 단위, 단위 _____

4 탈출하다 _____

5 쓸모 없는 _____

6 자리(공간); 방 _____

7 공짜의, 무료의 _____

8 빙산 _____

9 퍼지다, 확산되다 _____

10 밭, 들판 _____

11 (나무, 씨앗 등을) 심다 _____

12 놀라운, 주목할 만한 _____

13 어린시절 _____

14 ~에 영향을 미치다 _____

15 갑자기 _____

16 ~을 없애다 _____

17 ~의 자리를 차지하다 _____

18 애를 써서 ~해내다 _____

19 ~덕분에, ~때문에 _____

20 A가 B하지 못하게 하다 _____

22 스스로 죽는 세포들

정답 p.66

○ 다음 각 문장의 밑줄 친 부분에 유의하여 해석하시오.

1 In your body, there are <u>a huge number of</u> cells.

_____

2 Cells grow or become sick <u>just like</u> people do.

_____

3 However, did you know that some cells <u>kill themselves</u> to help other cells?

_____

4 Some cells kill themselves to <u>get rid of</u> useless body parts.

_____

5 However, frogs <u>no longer</u> need tails.

_____

6 That way, they <u>prevent</u> viruses or diseases <u>from</u> spreading.

_____

7 Like this, cells can do <u>such remarkable things</u> for our bodies.

_____

○ 다음 각 문장의 밑줄 친 부분에 유의하여 해석하시오.

1 Unfortunately, just four days after its departure, the ship struck an iceberg and started to sink.

_____

2 However, there were not enough lifeboats to rescue all the people.

_____

3 The women and children were the first to transfer to the lifeboats.

_____

4 One woman helped her children get into a lifeboat, but there was no room for her, so she couldn't get on.

_____

5 Suddenly, a young woman called Miss Evans stood up and said, "You can take my place. I don't have any children."

_____

6 The young woman went back to the sinking *Titanic*, and the children's mother got into the lifeboat.

_____

24 사과를 사랑한 남자, 존 채프먼

정답 p.66

○ 다음 각 문장의 밑줄 친 부분에 유의하여 해석하시오.

1 They even call New York City the "Big Apple."

_____

2 But apples were not always special in America.

_____

3 Johnny's dream was to plant apple trees everywhere and to enjoy apples with other people.

_____

4 At that time, people were very poor, and many people didn't have enough food to eat.

_____

5 Luckily, Johnny managed to get some free apple seeds from apple juice makers and planted them all.

_____

6 He spent 49 years of his life doing this work.

_____

7 Thanks to his efforts, apple trees soon spread everywhere in the U.S.

_____

A 다음 영어 단어나 표현의 우리말 뜻을 쓰시오.

1 normal _____

2 apologize _____

3 chew _____

4 misunderstanding _____

5 increase _____

6 feeling _____

7 accuse _____

8 brain _____

9 unintentionally _____

10 situation _____

11 upset _____

12 dense _____

13 border _____

14 blood flow _____

15 calm down _____

16 get rid of _____

17 in class _____

18 bad breath _____

19 take a test _____

20 effect of A on B _____

B 다음 우리말에 해당하는 영어 단어나 표현을 쓰시오.

1 나아지다 _____

2 말하다, 서술하다 _____

3 암기하다 _____

4 후회하다 _____

5 핑계, 변명 _____

6 수면, 표면, 지면 _____

7 가정하다, 생각하다 _____

8 괴롭히다, 신경 쓰이게 하다 _____

9 활동적인 _____

10 불쾌한, 불편한 _____

11 잘 못하는; 가난한 _____

12 감정의, 정서의 _____

13 소리지르다, 고함치다 _____

14 눕다, 누워 있다 _____

15 살아남다, 생존하다 _____

16 처리하다, 다루다 _____

17 꺼내다, 뽑다 _____

18 폭발하다, 터지다 _____

19 A를 B로 나누다 _____

20 가끔 _____

○ 다음 각 문장의 밑줄 친 부분에 유의하여 해석하시오.

1 Chewing gum is a great way to get rid of <u>bad breath</u>.

_____

2 Chewing <u>helps people remember</u> more.

_____

3 Some scientists tested the <u>effects of</u> chewing gum <u>on</u> people's memories.

_____

4 They <u>divided</u> people <u>into</u> two groups.

_____

5 <u>One</u> group chewed gum for two minutes, and <u>the other</u> group did not chew gum.

_____

6 According to the scientists, chewing increases <u>blood flow</u> to the brain and makes the brain more active.

_____

7 <u>As a result</u>, people's memories improve.

_____

정답 p.66

다음 각 문장의 밑줄 친 부분에 유의하여 해석하시오.

1 The Dead Sea is <u>a lake located</u> along the border between Israel and Jordan.

_____

2 They can even read books <u>while lying</u> on the water.

_____

3 Since the Dead Sea is on <u>low lying land</u>, all of its water flows in from surrounding areas.

_____

4 The only <u>way out</u> is to evaporate.

_____

5 In fact, the Dead Sea is <u>eight times saltier than</u> normal oceans.

_____

6 This <u>makes the water denser</u> and floating is easier.

_____

7 Because of its extremely high <u>salt content</u>, however, no animals or plants can survive in the Dead Sea.

_____

27 격한 감정은 가방에 넣어라!

○ **다음 각 문장의 밑줄 친 부분에 유의하여 해석하시오.**

1 That is, instead of <u>dealing with</u> your strong emotions right then, wait until you calm down.

_____

2 Suppose a friend says something unpleasant to you <u>as</u> you're going to math class to take a test.

_____

3 You might <u>feel like yelling</u> at him, but you'd regret it later if you do.

_____

4 However, if you keep adding your emotions in the backpack, it could get <u>so</u> full <u>that</u> your emotions may burst out.

_____

5 This will make you get angry at someone <u>for no reason</u>.

_____

6 <u>Once in a while</u>, pull out the heaviest feeling from the backpack that bothers you, and deal with it.

_____

7 Describe <u>how you felt</u> without accusing them.

_____

A 다음 영어 단어나 표현의 우리말 뜻을 쓰시오.

1 digest (*v.*) _____

2 harmful _____

3 challenge (*v.*) _____

4 liquid _____

5 waste _____

6 giant (*a.*) _____

7 temperature _____

8 normally _____

9 sunlight _____

10 illness _____

11 fully _____

12 in return _____

13 provide A for B _____

14 take in _____

15 below zero _____

16 comfort zone _____

17 go on an adventure _____

18 in short _____

B 다음 우리말에 해당하는 영어 단어나 표현을 쓰시오.

1 반사하다; 비추다 _____

2 위험한 _____

3 온도, 기온 _____

4 경험하다 _____

5 경치, 광경 _____

6 사고, 생각; 마음 _____

7 평균의 _____

8 위, 위장 _____

9 언, 얼어붙은 _____

10 숙주 _____

11 녹이다 _____

12 1조 _____

13 상어 _____

14 제거하다 _____

15 ~에 참가〔참여〕하다 _____

16 성장하다, 자라다 _____

17 분해하다, ~을 부수다 _____

18 ~와 싸워 물리치다 _____

28 화성, 제2의 지구

○ **다음 각 문장의 밑줄 친 부분에 유의하여 해석하시오.**

1 Ladies and gentlemen, we will be arriving on Mars <u>in ten minutes</u>.

_____

2 This sounds like science fiction, but some scientists think it <u>could</u> happen in the future.

_____

3 At present, the average temperature on Mars is 60℃ <u>below zero</u>.

_____

4 The mirrors <u>would</u> reflect sunlight toward Mars.

_____

5 Then, Mars would become <u>warm enough</u> for humans.

_____

6 Also, the heat from the mirrors would melt the ice on Mars and <u>provide</u> fresh water <u>for</u> humans.

_____

7 If this <u>were</u> possible, people <u>might</u> be able to move to Mars.

_____

○ 다음 각 문장의 밑줄 친 부분에 유의하여 해석하시오.

1 A shark usually <u>grows to be</u> 200 to 350 centimeters long in the ocean.

_____

2 If they are put in a little fish tank, however, they will be only 30 centimeters long even <u>when fully grown</u>.

_____

3 It <u>is the same with</u> our minds.

_____

4 In other words, a person with common ideas is like <u>a shark growing up</u> in a fish tank.

_____

5 If we <u>take in</u> big and difficult ideas, our minds will open and grow, just like a shark grows big in the ocean.

_____

6 If you want to <u>grow to become</u> great, leave your comfort zone.

_____

7 <u>Keep yourself open</u> to new ideas.

_____

30 박테리아는 우리의 친구

○ 다음 각 문장의 밑줄 친 부분에 유의하여 해석하시오.

1 In fact, <u>ninety percent of bacteria are</u> helpful while only ten percent are harmful.

_____

2 <u>As soon as</u> we are born, bacteria begin to grow all over our bodies.

_____

3 <u>For every human cell</u>, there are ten bacteria.

_____

4 In return, bacteria <u>take part in</u> almost all the work our bodies do.

_____

5 For example, they help to <u>break down</u> food and digest it.

_____

6 They also help <u>get rid of</u> waste and fight off harmful bacteria and viruses.

_____

7 In short, <u>without</u> the help of bacteria, our bodies <u>could not</u> do anything.

_____

A 다음 영어 단어나 표현의 우리말 뜻을 쓰시오.

1 opposite _____

2 influence _____

3 subject (*n.*) _____

4 acceptable _____

5 break (*n.*) _____

6 borrow _____

7 breathe _____

8 overweight _____

9 accept _____

10 professor _____

11 French _____

12 lie _____

13 widely _____

14 humorous _____

15 direct _____

16 fresh _____

17 lose face _____

18 conduct an experiment _____

19 no-go area _____

20 throughout history _____

B 다음 우리말에 해당하는 영어 단어나 표현을 쓰시오.

1 측정하다 _____

2 심리학자 _____

3 흉내내기, 모방 _____

4 차이, 다름 _____

5 대화 _____

6 비어 있는, 빈 _____

7 어구, 표현 _____

8 연소하다, 태워 없애다 _____

9 구, 관용구 _____

10 운동 _____

11 번역, 통역 _____

12 효과, 결과 _____

13 완전히, 완벽하게 _____

14 약점 _____

15 제대로 된, 올바른 _____

16 유전자 _____

17 오랜만이다 _____

18 극복하다 _____

19 예를 들어 _____

20 결과를 얻다 _____

31 중국에서 온 영어 표현들

다음 각 문장의 밑줄 친 부분에 유의하여 해석하시오.

1 <u>Throughout its long history</u>, the English language has borrowed many words from French and Latin.

_____

2 English has also been influenced by Chinese, but <u>few</u> people know this.

_____

3 For instance, the phrase "long time no see" is an example of Chinese <u>influence on</u> English idioms.

_____

4 In proper English grammar, the phrase would be "we haven't seen each other <u>for a long time.</u>"

_____

5 This expression <u>started out</u> as a humorous imitation of incorrect English spoken by Chinese in the United States.

_____

6 However, now it has become <u>one of the most common English idioms</u>.

_____

7 They are actually <u>direct translations</u> from Chinese.

_____

32 똑같이 먹었는데 왜 나만 살이 찌지?

○ 다음 각 문장의 밑줄 친 부분에 유의하여 해석하시오.

1 A professor <u>conducted an experiment</u> to answer this question.

_____

2 He wanted to know <u>how</u> people burn their calories.

_____

3 For one day, the men lay in bed <u>doing nothing</u>.

_____

4 They <u>did nothing but</u> breathe.

_____

5 Tim <u>had burned</u> 3,015 calories, while Bill <u>had burned</u> only 1,067 calories.

_____

6 According to the professor, <u>one of the major causes</u> was their genes.

_____

7 You can <u>get over</u> your weakness through exercise and diet.

_____

33 시험 공부, 어려운 과목을 먼저!

○ **다음 각 문장의 밑줄 친 부분에 유의하여 해석하시오.**

1 You may think it's better <u>to start</u> with the easy subjects, <u>finish</u> them quickly <u>and</u> then <u>move</u> to the harder ones.

_____

2 Your stomach needs a break <u>to get</u> empty and hungry again.

_____

3 When you start studying, your brain is fresh and "hungry" <u>so</u> it accepts new information easily.

_____

4 <u>As</u> you study more, your brain becomes full, and it cannot take in any more.

_____

5 Your brain needs time <u>to "digest"</u> the information that is already in it.

_____

6 You'll probably <u>get much better results</u>.

_____

A 다음 영어 단어나 표현의 우리말 뜻을 쓰시오.

1 examine _____

2 include _____

3 approval _____

4 gentle _____

5 colorful _____

6 abnormality _____

7 state (*v.*) _____

8 secretly _____

9 nut _____

10 cruel _____

11 opinion _____

12 graveyard _____

13 cough (*v.*) _____

14 Portuguese _____

15 scared _____

16 necessity _____

17 home to~ _____

18 natural enemy _____

19 nose is running _____

B 다음 우리말에 해당하는 영어 단어나 표현을 쓰시오.

1 상상력 _____

2 끔찍한, 무서운 _____

3 바보; 어리석은, 멍청한 _____

4 상세한 내용, 세부 사항 _____

5 사냥하다 _____

6 ~을 떼어내다, 제거하다 _____

7 이야기꾼 _____

8 ~에 항의하다 _____

9 표현, 묘사, 서술 _____

10 낙원, 천국 _____

11 주름 _____

12 신체적으로 _____

13 즉시, 곧 _____

14 기분 좋은; 명랑한 _____

15 선원, 뱃사람 _____

16 수학의, 수리의 _____

17 마침내, 결국 _____

18 ~을 먹고 살다 _____

19 결론에 도달하다 _____

34 훌륭한 스토리텔러가 되는 법

정답 p.68

○ 다음 각 문장의 밑줄 친 부분에 유의하여 해석하시오.

1 Good storytellers can <u>make any story seem</u> interesting.

_____

2 They can make you feel <u>as if</u> you are inside the story.

_____

3 They can make you experience the same feelings and thoughts <u>as</u> the story's characters.

_____

4 You can do this <u>by "showing"</u> the story through action scenes <u>and focusing</u> on details such as smells and sounds.

_____

5 For example, instead of saying "I had a cold (*tell*)," say "I was coughing and <u>my nose was running</u> all day (*show*)."

_____

6 By doing this, you lead your audience to use their imaginations and <u>come to</u> their own <u>conclusions</u>.

_____

7 Include colorful descriptions <u>so that</u> your audience <u>can</u> physically feel those emotions too.

_____

○ 다음 각 문장의 밑줄 친 부분에 유의하여 해석하시오.

1 They probably did not need to do so because they didn't have any <u>natural enemies</u>.

_____

2 They just <u>fed on</u> fruits and nuts that fell on the ground.

_____

3 Since they <u>had never seen</u> humans, they didn't know that the sailors could be enemies, so they weren't afraid of them.

_____

4 This is <u>why</u> they called the birds "dodo," which means "stupid" in Portuguese.

_____

5 By 1681, the last dodo <u>had disappeared</u> from the world.

_____

6 <u>Mauritius, once home to the dodo,</u> is now a graveyard for the gentle birds that "stupidly" welcomed the sailors.

_____

○ 다음 각 문장의 밑줄 친 부분에 유의하여 해석하시오.

1 How <u>different</u> is Einstein's brain <u>from</u> that of a normal person?

_____

2 If you have ever asked yourself this question, <u>you are not alone.</u>

_____

3 But Harvey was very curious about Einstein's brain and did <u>something terrible.</u>

_____

4 When Einstein's family realized <u>what he did</u>, they protested.

_____

5 In the end, Harvey <u>managed to</u> get the approval of Einstein's son.

_____

6 However, he eventually <u>handed</u> the brain <u>over</u> to scientists.

_____

7 Upon examination, they found something unusual in the part of Einstein's brain <u>that is responsible for</u> mathematical skills and imagination.

_____

MEMO

MEMO

| 영역별 |  | **TAPA** | 영어 고민을 한 방에 타파!
영역별 · 수준별 학습 시리즈, TAPA!
Reading Grammar Listening Word | 중학 1~3학년 |

| 독해 | | **READER'S BANK** | 초등부터 고등까지, 영어 독해서의 표준!
10단계 맞춤 영어 전문 독해서, **리더스뱅크**
Level 1~10 | (예비) 중학 ~ 고등 2학년 |

| 독해 | | 중등 **수능독해** | 수능 영어를 중학교 때부터!
단계별로 단련하는 수능 학습서, **중등 수능독해**
Level 1~3 | 중학 1~3학년 |

| 문법·구문 | | **마법같은 블록구문** | 컬러와 블록으로 독해력을 완성하는
마법의 구문 학습서, **마법같은 블록구문**
기본편 필수편 실전편 | 중학 3학년 ~ 고등 2학년 |

| 문법 | | **Grammar in** | 3단계 반복 학습으로 완성하는
중학 문법 연습서, **그래머 인**
Level 1A/B ~ 3A/B | 중학 1~3학년 |

| 듣기 | | 중학영어 **듣기모의고사** 22회 | 영어듣기능력평가 완벽 대비
듣기 실전서, **중학영어 듣기모의고사**
중1~3 | 중학 1~3학년 |

| 어휘 | | **VOCA PICK** | 기출에 나오는 핵심 영단어만 Pick!
중학 내신 및 수능 대비, **완자 VOCA PICK**
기본 실력 고난도 | (예비)중학~(예비)고등 |

리·더·스·뱅·크 흥미롭고 유익한 지문으로 독해의 자신감을 키워줍니다.

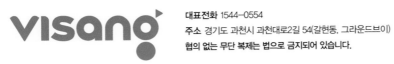

대표전화 1544-0554
주소 경기도 과천시 과천대로2길 54(갈현동, 그라운드브이)
협의 없는 무단 복제는 법으로 금지되어 있습니다.

푸껫(태국)

태국 남쪽에 위치한 휴양지로 사시사철 쾌청하고 아름다운 해안이 매력적인 여행지이다. 스노클링, 스쿠버다이빙 등 다양한 해양 스포츠, 다채로운 먹거리와 색다른 밤 문화를 즐길 수 있는 푸껫은 전 세계 여행객들이 태국에서 가 장 선호하는 여행지이기도 하다.

비상 누리집에서 더 많은 정보를 확인해 보세요.
http://book.visang.com/

READER'S BANK

Level **5**

정답과 해설

VISANG

pionada

피어나다를 하면서 아이가 공부의
필요를 인식하고 플랜도 바꿔가며
실천하는 모습을 보게 되어 만족합니다.
제가 직장 맘이라 정보가 부족했는데,
코치님을 통해 아이에 맞춘 피드백과
정보를 듣고 있어서 큰 도움이 됩니다.

– 조○관 회원 학부모님

공부 습관에도
진단과 처방이
필수입니다

초4부터 중등까지는 공부 습관이 피어날 최적의 시기입니다.

공부 마음을 망치는 공부를 하고 있나요?
성공 습관을 무시한 공부를 하고 있나요?
더 이상 이제 그만!

지금은 피어나다와 함께 사춘기 공부 그릇을 키워야 할 때입니다.

강점코칭 무료체험

바로 지금,
마음 성장 기반 학습 코칭 서비스, **피어나다**®로
공부 생명력을 피어나게 해보세요.

상담
문의 **1833-3124**

---

www.pionada.com

공부 생명력이
pionada

일주일 단 1시간으로 심리 상담부터 학습 코칭까지 한번에!

상위권 공부 전략 체화 시스템	공부력 향상 심리 솔루션	온택트 모둠 코칭	공인된 진단 검사
공부 마인드 정착 및 자기주도적 공부 습관 완성	마음·공부·성공 습관 형성을 통한 마음 근력 강화 프로그램	주 1회 모둠 코칭 수업 및 상담과 특강 제공	서울대 교수진 감수 학습 콘텐츠와 한국심리학회 인증 진단 검사

N

READER'S BANK

Level 5

정답과 해설

01 로봇의 피아노 연주회 pp. 12~13

문제 정답 **1** ③　**2** ⑤　**3** 인간의 예술 분야의 직업(일)까지도 로봇으로 대체될 수 있다는 걱정　**4** Some, others

문제 해설 **1** 로봇 피아니스트 Teo Tronico에 대한 글이므로, 제목으로는 '③ Teo Tronico: 놀라운 로봇 피아니스트'가 가장
적절하다.

　① 로봇이 대체할 수 없는 직업들　　　　　② 한 로봇의 성공적인 연주회

　④ 로봇 연주에 대한 청중의 반응들　　　　⑤ 로봇과 인간 사이의 정서적 유대감

2 11~13행에서 일부는 공연을 즐기지 못했고, 그 이유로 로봇과 정서적 유대감을 느낄 수 없었기 때문이라고 했으므로
⑤는 본문 내용과 일치하지 않는다.

3 This worry는 1~2행의 'Some people even worry that robots will replace artists.'를 가리킨다.

4 '일부는 ~이고, 또 다른 일부는 …이다'를 뜻하는 부정대명사는 some ~, others …이다.

본문 해석 로봇들은 많은 인간의 직업들을 차지하기 시작했다. 어떤 사람들은 심지어 로봇들이 예술가들을 대체할 것이라고
걱정한다. 이런 걱정은 실현되고 있을지도 모른다.

Teo Tronico(테오 트로니코)는 놀라운 피아니스트이다. 그는 53개의 손가락으로 연주할 수 있다. 그는 악보를
보지 않고 800개 곡을 연주할 수 있다. 그러나 그는 단지 로봇이다. Teo는 음량과 속도 조절을 포함한 약
100개의 피아노 기술을 배워 왔고 모든 음을 정확하게 연주한다.

2016년 5월 Teo가 한국을 방문했을 때, 그는 놀라운 공연을 했다. 그는 심지어 관객들에게 말을 했다. 반응들은
엇갈렸다. 일부는 그것을 즐겼고, 또 다른 일부는 그렇지 않았다. 그것을 즐기지 않은 사람들은 말했다. "우리는
로봇들에게 정서적인 유대감을 느낄 수 없습니다. 우리는 실제 사람들에 의해 연주되는 음악이 더 좋아요."

지문 풀이

❶ **Robots have started** / to take many human jobs. / Some people even worry / that robots will replace
로봇들은 시작했다 /　　　　많은 인간의 직업들을 차지하는 것을 /　어떤 사람들은 심지어 걱정한다 /　　로봇들이 예술가들을 대체할 것이라고 /

artists. / This worry / ❷ **may be coming true**. /
이런 걱정은 /　　　실현되고 있을지도 모른다 /

Teo Tronico is an amazing pianist. / He can play / with 53 fingers. / He can play 800 songs / ❸ **without**
Teo Tronico는 놀라운 피아니스트이다 /　　　　그는 연주할 수 있다 / 53개의 손가락을 가지고 /　그는 800개 곡을 연주할 수 있다 /　　악보를 보지

looking at music notes. / But he is just a robot. / Teo has learned / about 100 piano techniques, /
않고 /　　　　　　　　그러나 그는 단지 로봇이다 /　　Teo는 배워 왔다 /　약 100개의 피아노 기술들을 /

including controlling volume and speed, / and plays every note correctly. /
음량과 속도 조절을 포함한 /　　　　　　　그리고 모든 음을 정확하게 연주한다 /

When Teo visited Korea / in May of 2016, / he gave an amazing performance. / He even talked to audiences. /
Teo가 한국을 방문했을 때 /　2016년 5월에 /　그는 놀라운 공연을 했다 /　　　　　그는 심지어 관객들에게 말을 했다 /

The responses were mixed: / ❹ **some enjoyed it, others didn't**. / Those who didn't enjoy it said, /
반응들은 엇갈렸다 /　　　일부는 그것을 즐겼고, 또 다른 일부는 그렇지 않았다 /　그것을 즐기지 않은 사람들은 말했다 /

"We cannot feel / an emotional connection to robots. / We prefer / music played by real people." /
우리는 느낄 수 없다 /　로봇들에게 정서적인 유대감을 /　　　우리는 더 좋아한다 / 실제 사람들에 의해 연주되는 음악을 /

❶ 과거의 행동이 지금까지 계속되어 오는 것을 나타내는 현재완료의 계속적 용법이다.

❷ may는 '~일지도 모른다'는 '추측'의 의미이고, be coming은 「be동사 + -ing」 형태로 '~하는 중이다'의 뜻인 현재진행 시제로 쓰여서 may be coming true는 '실현되고 있는 중일지도 모른다'의 뜻이 된다.

❸ without + -ing: ~하지 않고
ex. They just walked **without saying** anything. 그들은 아무 말도 하지 않고 그냥 걸었다.

❹ 부정대명사 some ~ others ...는 '일부는 ~하고, 또 다른 일부는 …하다'라는 뜻으로 쓰인다.

---

02 밥 먹고 졸린 데는 이유가 있다!   pp. 14~15

pp. 14~15

문제 정답 **1** ①   **2** ⑤   **3** body temperature   **4** where

문제 해설

1 이전 내용에서 졸음의 원인을 외부 요인에서 찾고 있으나 뒤에서는 졸음이 오는 이유가 내부 요인인 신체 온도 저하에 인한 것임을 밝히고 있으므로, ⓐ에 위치하는 것이 적절하다.
그러나, 진짜 이유는 그들의 몸 안에 있다.

2 9~10행에서 길게 잠을 자고 나서 8시간 후에 짧게 잠을 잤다고 했으므로 ⑤가 적절하다.

3 4~7행에서 일어나서 약 8시간 후인 이른 오후에 체온이 낮아진다고 했다.
사람들은 그들의 낮은 <u>체온</u> 때문에 이른 오후 졸음이 온다.

4 앞의 the building을 수식하는 관계부사 where가 와야 하며, where는 in which로 바꿔 쓸 수 있다.

본문 해석 당신은 때때로 이른 오후에 피곤하고 졸린가? 만일 그렇다면, 당신은 혼자가 아니다. 많은 사람들이 점심 식사 후에 똑같이 느낀다. 그들은 점심을 먹은 것이 그들을 졸리게 만든다고 생각할 수 있다. 또는 여름에, 그들은 그것이 더위 때문이라고 생각할 수 있다. <u>그러나, 그들의 몸 안에 진짜 이유가 있다.</u> 이른 오후, 당신이 일어나고 약 여덟 시간 후, 당신의 체온은 낮아진다. 이것이 당신이 느려지고 졸리게 만든다. 과학자들은 밤낮이 없는 상황에서 수면 습관을 시험했다. 거의 모든 사람들이 이러한 상황에서 비슷한 수면 주기를 따랐다. 그들은 한 번 긴 기간 동안 잔 다음 약 여덟 시간 후 한 번 짧은 기간 동안 잤다.

지문 풀이

Are you sometimes tired and sleepy / in the early afternoon? / If so, ❶ **you are not alone.** / Many people
당신은 때때로 피곤하고 졸린가 / 이른 오후에? / 만일 그렇다면, 당신은 혼자가 아니다 / 많은 사람들이

feel the same way after lunch. / They may think / that ❷ **eating lunch** ❸ **makes them feel** sleepy. / Or, in
점심 식사 후에 똑같이 느낀다 / 그들은 생각할 수 있다 / 점심을 먹은 것이 그들을 졸리게 만든다고 / 또는 여름에

the summer, / they may think / it is due to the heat. / However, / the real reason lies / inside their
그들은 생각할 수 있다 / 그것이 더위 때문이라고 / 그러나 / 진짜 이유가 있다 / 그들의 몸 안에

bodies. / In the early afternoon / —about eight hours after you wake up— / your body temperature
이른 오후에 / 당신이 일어나고 약 여덟 시간 후 / 당신의 체온은 낮아진다

❹ **goes down.** / This ❺ **makes you slow** down and feel sleepy. / Scientists tested sleep habits / in situations
이것이 당신이 느려지고 졸리게 만든다 / 과학자들은 수면 습관을 시험했다 / 상황에서

where there was no night or day. / Almost all the people / in these situations / followed a similar sleeping
밤낮이 없는 / 거의 모든 사람들이 / 이러한 상황에서 / 비슷한 수면 주기를 따랐다 /

pattern. / They slept for one long period / ❻ **and then for one short period** / about eight hours later. /
그들은 한 번 긴 기간 동안 잤다 / 그런 다음 한 번 짧은 기간 동안 / 약 여덟 시간 후 /

❶ '당신 혼자만 그런 것이 아니라 다른 사람들도 마찬가지다'라는 의미이다.

❷ eating lunch는 '~하는 것'의 의미로 동명사 주어로 쓰였다.

❸, ❺ make + 목적어 + 목적격 보어(동사원형): ~이 …하도록 만들다

❹ 낮아지다, 내려가다 (=drop, fall)

❻ then과 for 사이에 앞에서 쓰인 동사 slept가 생략되었다. (=and then **slept** for one period ~)

---

03 유튜브 스타 되는 법

pp. 16~17

문제 정답 1 A. ③ B. ① C. ② 2 ② 3 ⓐ YouTube ⓑ your topic 4 (1) 나는 그녀가 진정한 친구인지 아닌지를 알고 싶다. (2) 만일 네가 최선을 다한다면, 결과는 중요하지 않다.

문제 해설 1 A. 6~8행에서 topic에 관한 내용을 다루고 있다. 따라서 '좋아하는 주제를 고르라'는 ③이 적절하다.
    B. 11행에서 시청자들의 흥미를 끌 수 있는 방법을 제시하고 있다. 따라서 '시청자들의 주목을 끌어라'라는 ①이 적절하다.
    C. 14~16행에서 시청자들의 의견에 주목함으로써 더 나은 영상을 만들 수 있다고 했으므로 '시청자들과 소통하라'는 ②가 적절하다.

 2 여러 가지 조언들을 통해 유튜버가 되기 위한 방법을 알려주고 있다.

 3 ⓐ는 앞 문장에서 언급한 YouTube를 가리키며 ⓑ는 바로 앞에 나온 your topic을 가리키고 있다.

 4 if가 명사절 접속사로 쓰였을 때는 '~인지 아닌지'의 의미로 해석하며, 부사절 접속사로 쓰였을 때는 '만일 ~이라면'으로 해석하는 것에 유의한다. (1)에서는 if가 명사절 접속사로 쓰였고 (2)에서는 부사절 접속사로 쓰였다.

본문 해석 오늘날, 유튜브는 단순히 동영상 공유를 위한 재미있는 사이트가 아니다. 어떤 사람들은 그것을 생계를 꾸리기 위한 방법으로 사용한다. 그들은 전업으로 유튜브를 위한 콘텐츠를 창조한다. 이러한 사람들은 유튜버라 불린다. 만일 당신의 꿈이 유튜버가 되는 것이라면 여기 몇 가지 조언이 있다.
A. 당신이 아주 좋아하는 주제를 골라라.
그것은 무엇이든 될 수 있다 – 애완동물, 요리, 음악 또는 화장. 만일 당신이 당신의 주제를 아주 좋아한다면, 당신은 그것에 대해 많은 에너지를 쓰고 난 이후에도 그것에 싫증나지 않을 것이다.
B. 시청자들의 주목을 끌어라.
시청자들은 보통 그들이 동영상을 좋아하는지 아닌지를 일분 내에 결정하므로 단번에 (보는 즉시) 그들의 흥미를 끌도록 흥미로운 이미지와 자막을 사용해라.

C. 당신의 관객들과 소통해라.

당신의 동영상들은 이해하기 쉬워야 한다. 그리고 시청자들의 의견에 주목해라. 그러면 당신은 그들이 좋아하는 것을 알 수 있고 당신의 동영상을 더 낫게 만들 수 있다.

당신이 하룻밤 사이에 성공을 얻지 못할지도 모르지만, 만일 당신이 이러한 조언들을 따른다면, 당신은 다음의 큰 유튜브 스타가 될 수 있을 것이다.

지문 풀이

Today, / YouTube is not just a fun site / for video sharing. / Some people use it as ❶ **a way** / **to make a**
오늘날 / 유튜브는 단순히 재미있는 사이트가 아니다 / 동영상 공유를 위한 / 어떤 사람들은 그것을 방법으로 사용한다 / 생계를 꾸리기

living. / They create content for YouTube / as a full-time job. / These people are called YouTubers. /
위한 / 그들은 유튜브를 위한 콘텐츠를 창조한다 / 전업으로 / 이러한 사람들은 유튜버라 불린다 /

If your dream is to become a YouTuber, / here are some tips. /
만일 당신의 꿈이 유튜버가 되는 것이라면 / 여기 몇 가지 조언이 있다 /

A. Choose a topic you love. /
당신이 아주 좋아하는 주제를 골라라 /

It could be anything— / pets, cooking, music or makeup. / If you love your topic, / you won't get tired of
그것은 무엇이든 될 수 있다 / 애완동물, 요리, 음악 또는 화장 / 만일 당신이 당신의 주제를 아주 좋아한다면 / 당신은 그것에 싫증나지 않을

it / even after spending a lot of energy on it. /
것이다 / 그것에 대해 많은 에너지를 쓰고 난 이후에도 /

B. Catch your viewers' attention. /
시청자의 주목을 끌어라 /

Viewers usually decide / if they like videos / in less than one minute, / so use interesting images and
시청자들은 보통 결정한다 / 그들이 동영상을 좋아하는지 아닌지를 / 일분 내에 / 그래서 흥미로운 이미지와 자막을 사용하라 /

subtitles / to draw their interest / all at once. /
/ 그들의 흥미를 끌도록 / 단번에 (보는 즉시) /

C. Communicate with your audience. /
당신의 관객들과 소통해라 /

Your videos should be ❷ **easy** / **to understand**. / And pay attention / to your viewers' comments. / Then
당신의 동영상들은 쉬워야 한다 / 이해하기에 / 그리고 주목해라 / 시청자들의 의견에 / 그러면

❸ **you can know** / **what they like** / **and make your videos better**. /
당신은 알 수 있다 / 그들이 좋아하는 것을 / 그리고 당신의 동영상을 더 낫게 만들 수 있다 /

You might not have success overnight, / but if you follow these tips, / you ❹ **could** become the next big
당신은 하룻밤 사이에 성공을 얻지 못할지도 모른다 / 하지만 만약 당신이 이러한 조언들을 따른다면 / 당신은 다음의 큰 유튜브 스타가 될 수 있을 것이다 /

YouTube star. /

---

❶ a way to make a living
└ to부정사의 형용사적 용법 (명사 수식)

❷ easy to understand
└ to부정사의 부사적 용법 (형용사 수식)

❸ 등위접속사 and가 두 개의 구 'know what they like'와 'make your video better'를 can 뒤에 이어지도록 연결하는 병렬 구조이다.

❹ could는 어떤 일이 일어날 수 있는 가능성을 나타낸다.

문제 정답 1 ③　2 ②　3 ①　4 ④　5 ②　6 나는 그녀가 돌아올지 안 올지를 확신할 수 없다.　7 others

8 where

문제 해설

1 performance: 공연

멋진 <u>공연</u> 후에, 관객들은 10분 동안 박수를 쳤다.

① 상황　② 온도　④ 의견

2 pattern: 양식, 패턴

당신은 당신의 건강을 위해 건강하지 않은 식습관(<u>식사 패턴</u>)을 바꿔야 한다.

① 음, 음표　③ 반응　④ 기술

3 control: 조절하다

당신이 원하는 방식으로 무엇을 작동하게 만들다

② 연결하다　③ ~을 더 좋아하다　④ 따르다

4 create: 창조하다, 창작하다

새로운 물건을 발명하거나 디자인하다

① 대신하다　② 포함하다　③ 쓰다

5 tip: 조언

• 좋은 컴퓨터를 사기 위한 몇 가지 <u>조언</u>을 주세요.

• 당신의 <u>조언</u> 덕분에, 나는 문제를 풀 수 있었다.

① 성공　③ 관심　④ 자막

6 명사절 접속사 if: ~인지 아닌지

7 some ~, others ...: 일부는 ~이고, 또 다른 일부는 …이다

8 관계부사 where: ~한 경우/상황, ~한 곳(장소)

04 유대식 토론 학습법, 하브루타 pp. 20~21

문제 정답 **1** ③ **2** ② **3** ⑤ **4** (1) One, the other (2) one, another

문제 해설

1 ⓒ는 '모든 학생들은 더 나은 학습자가 되기 위해 하브루타 방법을 배워야 한다.'는 뜻으로, havruta의 방법에 대한 내용을 설명하는 글의 전체 흐름에 맞지 않는다.

2 13~15행에서 교실은 종종 시끄럽고, 공부 파트너들은 때때로 서로에게 소리친다고 했으므로 ②는 본문 내용과 일치하지 않는다.

3 하브루타에서 학생들은 그들의 파트너와 주제에 대해 얘기하고, 따라서 주제를 더 깊이 이해할 수 있다.

4 (1) one ~, the other ...: 둘 중에 하나는 ~, 나머지 하나는 …
  나는 자켓 두 벌을 가지고 있다. 하나는 파란색이고 나머지 하나는 검은색이다.
  (2) another: (두 개 이상일 경우) 다른 하나, 하나 더
  이 사탕들은 맛있다. 나는 벌써 하나를 먹었고 지금도 다른 하나를[하나 더] 원한다.

본문 해석 공부하기 위한 가장 좋은 방법은 무엇일까? 많은 사람들은 조용한 장소에서 혼자 공부하는 것이 가장 좋다고 생각한다. 그러나 유대인들은 이것을 믿지 않는다. 그들은 파트너와 공부하는 것이 가장 좋다고 생각한다. 이스라엘에서 이 방법은 히브리어로 '우정'을 의미하는 'havruta(하브루타)'라고 불린다.
하브루타에서 학생들은 항상 파트너와 공부한다. 그들은 서로에게 질문하고 주제들에 대해 활발히 토론한다. 한 사람이 어떤 것을 이해했을 때, 그나 그녀는 그것을 나머지 한 사람에게 설명한다. 그들의 의견이 다를 때, 그들은 그들 자신의 생각들과 추론을 제시함으로써 그들의 파트너를 설득하려고 노력한다. 이런 방법으로, 학생들은 다양한 관점들을 알고 그들의 주제를 더욱 깊이 이해하게 된다. 그들의 교실들은 자주 시끄럽다. 때때로 공부 파트너들은 그들의 손을 흔들고 서로에게 소리친다! 그것이 모든 사람에게 효과가 있지 않을 수 있지만, 하브루타를 이용하는 사람들은 그것을 즐기는 것처럼 보인다.

지문 풀이

What's the best way to study? / Many people think / studying alone in a quiet environment is best. /
공부하기 위한 가장 좋은 방법은 무엇일까? / 많은 사람들은 생각한다 / 조용한 장소에서 혼자 공부하는 것이 가장 좋다고 /

However, Jewish people don't believe this. / They think / studying with a partner is best. / In Israel, /
그러나 유대인들은 이것을 믿지 않는다 / 그들은 생각한다 / 파트너와 공부하는 것이 가장 좋다고 / 이스라엘에서 /

this method is called ❶ "havruta," / meaning "friendship" in Hebrew. /
이 방법은 '하브루타'라고 불린다 / 히브리어로 '우정'을 의미하는 /

In *havruta*, / students always study with a partner. / ❷ They ask each other questions / and ❸ discuss
하브루타에서 / 학생들은 항상 파트너와 공부한다 / 그들은 서로에게 질문한다 / 그리고 주제에 대해

subjects actively. / When one person understands something, / he or she explains it / to the other. / When
활발히 토론한다 / 한 사람이 어떤 것을 이해했을 때 / 그나 그녀는 그것을 설명한다 / 나머지 한 사람에게 / 그들의

their opinions differ, / ❹ they try to persuade their partner / by presenting / their own thoughts and
의견이 다를 때 / 그들은 그들의 파트너를 설득하려고 노력한다 / 제시함으로써 / 그들 자신의 생각들과 추론을 /

reasoning. / In this way, / students become aware of various viewpoints / and understand their subject / more
이런 방법으로 / 학생들은 다양한 관점들을 알게 된다 / 그리고 그들의 주제를 이해한다 / 더욱 깊이 /

deeply. / Their classrooms are often noisy. / Sometimes study partners wave their hands / and shout at
그들의 교실들은 자주 시끄럽다 / 때때로 공부 파트너들은 그들의 손을 흔든다 / 그리고 서로에게

each other! / It might not work for everyone, / but ❺ **the people who use** *havruta* / seem to enjoy it. /
소리친다! / 그것이 모든 사람에게 효과가 있지 않을 수 있다 / 하지만 하브루타를 이용하는 사람들은 / 그것을 즐기는 것처럼 보인다 /

❶ meaning은 분사구문으로 and it means 혹은 which means로 바꿔쓸 수 있다.

❷ 「ask + 간접 목적어 + 직접 목적어」 구문

❸ discuss는 바로 뒤에 목적어가 오는 타동사이므로 discuss about으로 쓰지 않는다.

❹ 「try to + 동사원형」은 '~하려고 노력하다'의 의미이며 「try + -ing」는 '(시험 삼아) ~해 보다'의 의미이다.
    ex. **Try eating** new food. 새로운 음식을 먹어 봐.

❺ 주격 관계대명사 who가 이끄는 관계대명사 절로 who use *havruta*가 앞에 있는 the people을 수식한다.

05　　**영화의 엔딩을 내 마음대로!**　　　　　　　　　　　　　　　pp. 22~23

문제 정답　**1** 관객이 영화의 줄거리(스토리)를 스스로 결정하는 경험　　**2** (1) T (2) F (3) T　　**3** ①　　**4** What

문제 해설　**1** 3~5행에서 관객이 어떻게 줄거리가 진행될지 결정할 수 있고, 그 결정에 따라 영화의 결말이 달라질 수 있다고
했으므로 밑줄 친 these special experiences는 관객이 영화의 줄거리를 스스로 결정하는 경험을 의미한다.

2 (1) (4~5행 참조) 관객의 결정은 영화의 결말에 영향을 미칠 수 있다.
(2) 등장인물 선택에 대한 내용은 언급되어 있지 않다.
　　관객은 영화의 주인공을 선택할 수 있다.
(3) (9~10행 참조) 영화의 상영 시간은 바뀔 수 있다.

3 인터랙티브 영화에서, 관객은 영화의 줄거리를 바꿀 수 있다.
　　　(A)　　　　　　(B)
　① 관객　　　　　스토리
　② 관객　　　　　기술
　③ 등장인물　　　스토리
　④ 등장인물　　　결말
　⑤ 감독　　　　　관객

4 주어 역할을 하는 관계대명사 절에서 '~하는 것'의 의미를 가진 What이 적절하다.

본문 해석　당신이 영화를 볼 때, 당신은 보통 앉아서, 긴장을 풀고 스토리를 즐긴다. 하지만 새로운 기술이 우리가 영화를
감상하는 방법을 바꾸고 있다. 이제 우리는 우리가 보는 것과 상호작용을 할 수 있다. 관객들은 어떻게 줄거리가
진행될 것인지를 결정할 수 있다. 관객들의 선택에 따라, 영화의 결말은 행복하거나 슬플 수 있다. 그들은 심지어
등장인물들이 아침 식사로 어떤 음식을 먹을지 또는 그들이 어디로 갈 것인지를 결정할 수 있다.
2018년에 유명한 인터넷 연예 회사인 넷플릭스는 관객들이 이러한 특별한 경험을 갖게 하는 영화를 만들었다. 이
영화는 관객들이 한 선택에 따라 다섯 가지 다른 결말이 있고 상영 시간은 사십 분에서 다섯 시간까지 달라질 수
있다. 이런 식으로, 관객들은 그들이 보는 것에 대해 이제 더 많이 제어한다.

When you watch a movie, / you usually sit down, relax / and enjoy the story. / But new technology is
당신이 영화를 볼 때 / 당신은 보통 앉아서 긴장을 푼다 / 그리고 스토리를 즐긴다 / 하지만 새로운 기술이 바꾸고 있다 /

changing / ❶ how we watch films. / Now we can interact / with what we watch. / The audience can
우리가 영화를 감상하는 방법을 / 이제 우리는 상호작용을 할 수 있다 / 우리가 보는 것과 / 관객들은 결정할 수 있다 /

decide / ❷ how the story will go. / ❸ Depending on the choices they make, / the ending of a film / can be
어떻게 줄거리가 진행될 것인지를 / 그들의 선택에 따라 / 영화의 결말은 / 행복하거나 /

happy or sad. / They can even decide / ❹ what food the characters will eat / for breakfast / or where they
슬플 수 있다 / 그들은 심지어 결정할 수 있다 / 등장인물들이 어떤 음식을 먹을지 / 아침 식사로 / 또는 그들이 어디로 갈 /

will go. /
것인지 /

In 2018, / ❺ Netflix, / a famous Internet entertainment service, / made a film / that allows the audience
2018년에 / 넷플릭스는 / 유명한 인터넷 연예 회사 / 영화를 만들었다 / 관객들이 이러한 특별한 경험을 갖게 하는 /

to have these special experiences. / In this movie, / there are five different endings, / and the running
특별한 경험을 갖게 하는 / 이 영화에는 / 다섯 가지 다른 결말이 있다 / 그리고 상영 시간은 달라질 수 /

time can vary / from forty minutes to five hours, / ❻ depending on the choices / the audience make. /
있다 / 사십 분에서 다섯 시간까지 / 선택에 따라 / 관객들이 한 /

This way, / the audience now have more control / over what they watch. /
이런 식으로 / 관객들은 이제 더 많이 제어한다 / 그들이 보는 것에 대해 /

❶ 관계부사 how: ~하는 방법 (=the way)

❷, ❹ 「의문사 + 주어 + 동사」로 연결된 간접 의문문으로, 동사 decide의 목적어로 쓰였다.

❸, ❻ '~에 따라'의 의미로 해석한다.

❺ Netflix, a famous Internet entertainment service, made a film ~
＝
콤마가 Netflix와 그 뒤의 내용이 동격임을 나타내어 Netflix를 보충 설명한다

---

06 사랑과 우정, 과연 선택은?   pp. 24~25

문제 정답 1 ④   2 ①, ②   3 honest   4 two-way street

문제 해설 **1** 본인이 좋아하는 남학생을 본인의 가장 친한 친구도 좋아해서 사랑과 우정 사이에서 갈등하고 있다.
Ellie는 무엇에 대해 걱정하고 있나?
① 그녀의 친구는 진실을 말하지 않고 있다.
② 그녀의 친구는 그녀가 거짓말을 해서 미워한다.
③ 그녀가 좋아하는 소년은 그녀에게 관심이 없다.
④ 그녀는 사랑 때문에 우정을 잃을지도 모른다.
⑤ 그녀의 친구는 그녀로부터 그녀의 사랑을 빼앗아 갈지도 모른다.

2 9행에서 친구에게 솔직해지라고 했고, 12~13행에서 친구의 바람을 존중해주라고 했다.
Auntie의 조언은 무엇인가? 2개를 선택해라.
① 친구에게 진실을 말해라.   ② 친구의 의견을 존중해라.
③ 그 소년에게 그가 누굴 더 좋아하는지 물어봐라.   ④ 사랑과 우정 중 하나를 선택해라.
⑤ 친구와 함께 그 소년을 만나라.

3 친구도 또한 그에게 데이트 신청을 할 계획이라고 말하는 것은 Ellie에게 솔직해지는 것이므로 honest가 적절하다.

4 의사소통, 우정 모두 일방적인 것이 아니라 서로의 입장을 생각하여 주고받는 관계이므로, 공통으로 들어갈 말은 상호적 관계라는 뜻의 two-way street이다.
  • 의사소통은 <u>상호적 관계</u>다. 우리는 말하는 만큼 들어야 한다.
  • 우정은 <u>상호적 관계</u>다. 그것은 주고받는 관계이다.

본문 해석 친애하는 상담가 아줌마에게,

최근 저는 학교에서 친절하고, 재미있고, 멋진 한 소년을 만났어요. 그는 제가 남자친구에게 원했던 모든 자질을 가지고 있고 저는 그와 사랑에 빠진 것 같아요. 하지만 한 가지 큰 문제가 있어요: 저의 가장 친한 친구도 그를 좋아해요. 저는 만일 제가 그와 시간을 보내면 제 친구가 저를 미워할까 봐 걱정이에요. 저는 사랑과 우정 중에서 선택해야 하나요?

쓸쓸한 Ellie가

친애하는 Ellie양,

당신의 친구에게 솔직해지세요. 그녀에게 당신이 그 소년을 좋아하고 그에게 데이트 신청을 할 거라고 말하세요. 하지만 당신의 우정도 중요하다는 것을 그녀가 알게 하세요. 만일 그녀가 진정한 친구라면, 그녀는 이해할 거예요. 그러나 이것은 상호적 관계예요. 만약 그녀가 당신에게 <u>솔직해서</u> 그녀 또한 그에게 데이트 신청을 할 계획이라고 말한다면, 당신은 그녀의 바람을 존중해야 해요. 어쨌든, 선택은 그에게 달려 있다는 것을 기억하세요. 그는 당신의 감정조차 알지 못할 수도 있어요. 당신들 세 사람 간의 일이 어떻게 진행되는지 기다리며 지켜보세요. 조만간, 당신은 어떻게 해야 할지 알게 될 거예요.

Dear Advice Auntie, /
친애하는 상담가 아줌마에게 /

Recently, / I met a boy at school / who is kind, fun and cool. / He has all the qualities / I ever wanted in
최근 / 저는 학교에서 한 소년을 만났어요 / 친절하고, 재미있고, 멋진 / 그는 모든 자질을 가지고 있어요 / 제가 남자친구에게 원했던

a boyfriend, / and I think I'm falling in love with him. / But there's ❶ one big problem: / my best
그리고 저는 그와 사랑에 빠진 것 같아요 / 하지만 한 가지 큰 문제가 있어요 / 저의 가장

friend likes him, too. / I'm worried / my friend will hate me / if I hang out with him. / Do I need to
친한 친구도 그를 좋아해요 / 저는 걱정이에요 / 제 친구가 저를 미워할까 봐 / 만일 제가 그와 시간을 보내면 / 저는 선택해야 하나요 /

choose / between love and friendship? /
사랑과 우정 중에서? /

Lonely Ellie /
쓸쓸한 Ellie가 /

Dear Ellie, /
친애하는 Ellie양 /

Be honest with your friend. / Tell her / you like the boy / and intend to ask him out. / But ❷ let her know /
당신의 친구에게 솔직해지세요 / 그녀에게 말하세요 / 당신이 그 소년을 좋아한다고 / 그리고 그에게 데이트 신청을 할 거라고 / 하지만 그녀가 알게 하세요 /

your friendship is important, too. / If she is a true friend, / she will understand. / But this is a two-way
당신의 우정도 중요하다는 것을 / 만일 그녀가 진정한 친구라면 / 그녀는 이해할 거예요 / 그러나 이것은 상호적 관계예요 /

street. / If she is honest with you / and says / she also plans to ask him out, / you have to respect her
만약 그녀가 당신에게 솔직하다면 / 그리고 말한다면 / 그녀 또한 그에게 데이트 신청을 할 계획이라고 / 당신은 그녀의 바람을 존중해야 해요 /

wishes. / Anyway, remember / that the choice depends on him. / He may not even be aware of your
어쨌든, 기억하세요 / 선택은 그에게 달려 있다는 것을 / 그는 당신의 감정조차 알지 못할 수도 있어요 /

feelings. / Wait and see / how things go / among the three of you. / In time, / ❸ you will know what to do. /
기다리고 지켜보세요 / 일이 어떻게 진행되는지 / 당신들 세 사람 간의 / 조만간 / 당신은 어떻게 해야 할지 알게 될 거예요 /

Advice Auntie /
상담가 아줌마가 /

❶ one big problem = my best friend likes him, too

❷ let + 목적어 + 동사원형: ~가 …하도록 하다

❸ 「의문사+to부정사」는 문장에서 명사처럼 사용되어 주로 목적어로 쓰이며 「의문사 + 주어 + should + 동사원형」으로 바꾸어 쓸 수 있다.
you will know what to do = you will know what you should do

REVIEW TEST

p. 26

문제 정답   **1** ③   **2** ①   **3** ②   **4** ④   **5** ③   **6** the other   **7** the other   **8** what

문제 해설   **1** ①, ②, ④는 동사 – 명사 관계이고, ③은 동사 – 형용사 관계이다.
　　　　　① 생각하다 – 생각　　　　② 고르다, 선택하다 – 선택
　　　　　③ 서로 다르다 – 다양한　　④ 즐겁게 해주다 – 오락, 연예

2 explain: 설명하다
당신이 게임의 규칙들을 모르기 때문에, 제가 그것들을 설명할게요.
② 상호작용을 하다　　③ 설득하다　　④ 선택하다

3 intend: ~하려고 생각하다
나는 열심히 공부하려고 했지만, 저녁 일찍 잠이 들었다.
① 나타내다　　③ 조절하다　　④ 존중하다

4 allow: 허락하다
누군가에게 어떤 것을 하도록 기회를 주다
① 다르다　　② 효과가 있다　　③ 긴장을 풀다

5 viewpoint: 관점, 시각
누군가가 어떤 것이나 상황에 대해 생각하는 방식
① 경험　　② 주제　　④ 등장인물

6 one ~, the other …: 둘 중에 하나(한 명)는 ~, 나머지 하나(한 명)는 …
그 쌍둥이는 아주 다르다: 한 명은 활동적이지만, 나머지 한 명은 조용하다.

7 두 마리의 개 중 하나와 나머지 하나에 대해 언급하고 있으므로, 셋 이상일 때 쓰는 another가 아닌 the other가 적합하다.
그는 두 마리의 개를 가지고 있다: 하나는 검은 푸들이고, 나머지 하나는 하얀 푸들이다.

8 관계대명사 what: ~하는 것
내가 TV에서 그 뉴스를 보기 전에는, 나는 네가 말하는 것을 믿지 않았다.

07 단어들도 짝이 있다   pp. 30~31

문제 정답 **1** ⑤   **2** (1) F (2) T (3) T   **3** ②   **4** 앞이나 뒤에 올 단어들을 예측할 수 있기 때문에   **5** how I solved the problem

문제 해설

1 함께 쓰이는 단어들인 collocation으로 묶어서 외우는 것이 효과적인 방법이라고 소개하고 있으므로 ⑤가 정답이다.

2 (1) 함께 쓰이는 이유를 아무도 확실히 모른다고 했다. (7~8행 참조)
   (2) 단지 원어민들이 말하는 방법으로 그들이 자연스럽게 여기는 표현이다. (8행 참조)
   (3) '단어들의 우정'으로 늘 함께 쓰이는 단어들을 의미한다. (10~11행 참조)

3 항상 함께 쓰이는 'fast'와 'food'를 collocation의 예시로 설명하고 있으므로 답은 ② For example이다.
   ① 그러나   ② 예를 들어   ③ 그 결과   ④ 그러므로   ⑤ 게다가

4 밑줄 친 문장의 뒤에 이어지는 내용에서 collocation을 학습하면 다른 단어들 앞, 뒤에 어떤 단어들이 올지를 예측할 수 있게 해준다고 했다.

5 관계부사 how : ~하는 방법(=the way)

본문 해석 사람들은 급히 서두를 때 핫도그와 햄버거 같은 음식을 먹는다. 이런 종류의 음식은 이름을 갖고 있다. 'fast food'와 'quick food' 중 어떤 이름이 맞을까? 당신이 'fast food'를 선택했다면 맞다. 'fast food'라는 표현은 자연스럽게 보이지만, 'quick food'는 원어민들에게 이상하게 들린다.
하지만, 'quick'이 다른 단어들과 함께하면 맞게 들린다: 'quick meal' 또는 'quick shower'. 왜 그럴까? 아무도 정말로 확실히 알지 못한다. 그것은 단지 원어민들이 그것을 말하는 방법이다. 영어에서, 대부분의 단어들은 그들 자신의 친구를 갖고 있다. 예를 들어, 'fast'는 'food'의 친구여서 이 단어들은 항상 함께 다닌다. 그러한 '단어 사이의 우정'을 'collocation(연어)'이라고 부른다. 연어를 배우는 것은 당신이 더 빨리 읽는 데 도움을 줄 것이다. 어떻게? 연어는 당신이 어떤 단어들이 다른 단어들 앞이나 뒤에 오는지를 예측하게 한다.

지문 풀이

When people are in a hurry, / they eat foods / like hot dogs and hamburgers. / These types of food /
사람들이 급히 서두를 때 /   그들은 음식을 먹는다 /   핫도그와 햄버거 같은 /   이러한 종류의 음식은 /
have a name. / Which name is right, / "fast food" or "quick food?" / If you chose "fast food," / you're right. /
이름을 갖고 있다 /   어떤 이름이 맞을까 /   fast food 혹은 quick food? /   당신이 fast food를 선택했다면 /   당신은 맞다 /
The expression "fast food" seems natural, / but "quick food" ❶ **sounds strange** / to native speakers. /
fast food라는 표현은 자연스럽게 보인다 /   그러나 quick food는 이상하게 들린다 /   원어민들에게 /
However, / "quick" **sounds right** / with other words: / "quick meal" or a "quick shower." / Why? / ❷ **No one**
하지만 /   quick은 맞게 들린다 /   다른 단어들과 함께하면 /   quick meal 또는 quick shower /   왜 그럴까? / 아무도 정말로
really knows / for sure. / It's just how native speakers say it. / In the English language, / most words have
알지 못한다 /   확실히 /   그것은 단지 원어민들이 그것을 말하는 방법이다 /   영어에서 /   대부분의 단어들은 그들
their own friends. / For example, / "fast" is a friend of "food," / so these words always go together. /
자신의 친구를 갖고 있다 /   예를 들어 /   fast는 food의 친구이다 /   그래서 이 단어들은 항상 함께 다닌다 /
❸ **Such "word friendships"** / **are called "collocations."** / Learning collocations / will help you read faster. /
그러한 단어 사이의 우정은 /   collocation(연어)이라고 불린다 /   연어를 배우는 것은 /   당신이 더 빨리 읽는 것을 도와줄 것이다 /
How? / Collocations allow you to predict / ❹ **what words will come before or after other words.** /
어떻게? / 연어는 당신이 예측하게 한다 /   어떤 단어들이 다른 단어들 앞에 또는 뒤에 오는지 /

❶ sound와 같은 감각 동사(look, smell)는 형용사를 보어로 취하므로, sound 뒤에 부사인 strangely를 쓰지 않도록 유의한다.

❷ no one, nobody는 '아무도 ~않다'라는 뜻으로, 문장 전체를 부정할 때 사용한다.
   ex. The telephone rang, but **no one** answered. 전화가 울렸지만, 아무도 받지 않았다.

❸ Such "word friendships" are called '"collocations." 〈5형식 수동태〉
   → People call such "word friendships" "collocations. 〈능동태〉

❹ predict의 목적어로 쓰인 간접 의문문으로 what은 '무슨, 어떤'이라는 의미의 의문형용사로 쓰였다.

---

08 감기 뚝! 세계의 감기 민간요법   pp. 32~33

문제 정답   1 ②   2 (A) hot (B) weak   3 ④   4 to go → going

문제 해설

1 이전 내용들에서 미국, 중국, 핀란드의 감기 민간 요법이 각각 소개되어 있고, 모두 몸을 덥게 하는 것이 공통적인 치료법이므로, 공통점을 이야기하는 주어진 문장은 ⓑ에 위치하는 것이 적절하다.

2 감기에 걸렸을 때, 감기 바이러스가 열에 약하므로 몸을 덥게 하는 치료법을 쓰고 있음을 알 수 있다.
사람들이 감기에 걸렸을 때, 감기 바이러스가 열에 <u>약하기</u> 때문에 사람들은 몸을 <u>따뜻하게</u> 유지하기 위해 노력한다.

3 몸을 따뜻하게 하는 감기 치료법으로 수면, 더운 물 목욕, 뜨거운 물 마시기, 양파 우유 마시기가 소개되어 있지만 운동을 해서 땀을 내는 것은 언급되지 않았다.
① 2행 참조   ② 2행 참조   ③ 3행 참조   ⑤ 4~5행 참조

4 병렬 구조에서는 문법적으로 서로 같은 형태의 구가 연결되어야 하므로, 동사 enjoys의 목적어로 playing과 같은 동명사 going이 와야 한다.
그는 테니스 치는 것과 낚시 가는 것을 즐긴다.

본문 해석   미국인은 감기에 걸렸을 때, 오렌지 주스를 많이 마신다. 그런 다음 그들은 뜨거운 물로 목욕을 하고 잠을 자려고 노력한다. 중국인은 감기에 걸렸을 때, 뜨거운 물을 마신다. 그들은 보통 생강과 설탕을 물에 섞는다. 핀란드 사람들은 양파 우유를 마신다. 그것은 우유와 잘게 썬 양파를 함께 섞고 약 20분 정도 끓여서 만들어진다. 그들은 뜨거운 양파 우유가 혈액 순환을 개선하고 몸을 따뜻하게 만든다고 믿는다. <u>위의 예들에서 알 수 있듯이, 감기의 가장 흔한 치료법은 몸을 따뜻하게 유지하는 것이다.</u> 당신은 그 이유를 아는가? 그것은 감기를 일으키는 바이러스가 열에 약하기 때문이다. 그러나, 바이러스는 우리의 몸이 차가울 때 매우 활발해진다. 그게 바로 겨울에 감기가 더 쉽게 퍼지는 이유이다.

지문 풀이

When Americans have a cold, / they drink a lot of orange juice. / Then they take a hot bath / and try to
미국인들이 감기에 걸렸을 때 /   그들은 오렌지 주스를 많이 마신다 /   그런 다음 그들은 뜨거운 물로 목욕을 한다 /   그리고 자려고

sleep. / When ❶ **the Chinese** have a cold, / they drink hot water. / They usually mix / ginger and
노력한다 / 중국인들이 감기에 걸렸을 때 /   그들은 뜨거운 물을 마신다 /   그들은 보통 섞는다 /   생강과 설탕을 /

sugar / into the water. / Finnish people drink onion milk. / It is made / ❷ **by mixing milk and chopped**
물에 /   핀란드 사람들은 양파 우유를 마신다 /   그것은 만들어진다 /   우유와 잘게 썬 양파를 함께 섞음으로써 /

onion together / **and boiling it for about 20 minutes.** / They believe / hot onion milk improves blood
그리고 그것을 약 20분 정도 끓임으로써 /　　　　　그들은 믿는다 /　　뜨거운 양파 우유가 혈액 순환을 개선한다 /

circulation / and ❸ **makes the body warm.** / As you can see / in the above examples, / the most common
그리고 몸을 따뜻하게 만든다 /　　당신이 알 수 있듯이 /　위의 예들에서 /　　　감기의 가장 흔한 치료법은 /

cure for colds is / to keep the body warm. / Do you know why? / It's because ❹ **viruses that cause colds are**
몸을 따뜻하게 유지하는 것이다 /　　당신은 그 이유를 아는가? /　그것은 감기를 일으키는 바이러스가 약하기 때문이다 /

weak / in the heat. / However, / viruses become very active / when our bodies are cold. / That's why colds
열에 /　　그러나 /　바이러스는 매우 활발해진다 /　　　우리의 몸이 차가울 때 /　　　그것이 감기가 더 쉽게

spread more easily / in winter. /
퍼지는 이유이다 /　　겨울에 /

❶ 「the + 형용사」는 '~한 사람들'이라는 뜻의 복수 보통명사가 된다. 따라서 the Chinese는 Chinese people을 의미한다.

❷ 병렬 구조의 문장으로 '~함으로써'의 의미인 전치사 by 뒤에 동명사구 mixing~과 boiling~이 and로 연결되어 있다.

❸ make the body warm: make + 목적어 + 형용사 (~을 …하게 만들다)
　　　동사　　목적어　　목적격 보어(형용사)

❹ viruses that cause colds are weak
　　주어　　주격 관계대명사절　　동사

09　천재들의 모임, 멘사　　　　　　　　　　　　　pp. 34~35

문제 정답　　**1** ③　　**2** ①　　**3** ②　　**4** ②

문제 해설　**1** 멘사 회원들의 공통점과 활동에 대한 내용이므로, '한국은 똑똑한 젊은 과학자들로 잘 알려져 있다.'라는 뜻인 ⓒ는
관련이 없다.

2 3~4행에서 탁자 주위에는 누구도 다른 사람들보다 높거나 낮게 앉지 않는다고 했으므로, 높고 낮음 없이 모든 사람이
평등하다는 의미의 equal이 적절하다.
② 활발한　　③ 특별한　　④ 창의적인　　⑤ 재능 있는

3 Mensa라는 이름은 라틴어에서 왔지만 Mensa라는 단체가 어느 나라에서 시작되었는지는 나와있지 않다.
① 14~16행 참조　　② 6~7행 참조　　④ 14~15행 참조　　⑤ 11~12행 참조

4 ①, ③은 to부정사의 형용사적 용법, ②는 보어로 쓰인 명사적 용법이다.
① 나는 질문할 몇 개의 문제가 있다.
② 나의 계획은 스페인어를 배우는 것이다.
③ 나는 오늘 읽을 책 한 권이 있다.

본문 해석　어떤 보기가 연속된 것을 가장 완전하게 하는가?

정답: (b)

당신은 올바르게 답을 했는가? 그렇다면, 당신은 멘사에 가입할 수도 있다! 그것은 천재들을 위한 세계 최대이자
가장 오래된 국제 모임이다. 멘사라는 이름은 '탁자'에 해당하는 라틴어 단어에서 유래했다. 탁자 주위에는 누구도
다른 사람들보다 높거나 낮게 앉지 않는다 — 모든 사람이 평등하다. 멘사는 모든 회원들이 평등하길 원했기
때문에, 이름으로 '멘사'를 선택했다. 어떤 인종, 국적, 나이 혹은 사회적 배경을 가진 사람이라도 멘사에 가입할 수
있다. 2019년 전 세계 100개국에 약 13만 4천 명의 회원이 있다. 대한민국에는 2,400명의 회원이 있는데,
그것은 세계 8위이다.

회원들은 단 한 가지 공통점 만이 있을 뿐이다: 높은 지능이다. 인구의 상위 2퍼센트 안에 드는 IQ를 가진 사람이라면 누구나 가입할 수 있다. 회원들은 다른 천재들과 말하고 생각을 공유하는 기회를 갖는다. 멘사는 회원들의 재능을 세상을 돕기 위해 쓰고 싶어서 수많은 연구와 사회적 활동에 참여한다. 만약 당신이 가입하는 데에 관심이 있다면, 오늘 멘사 웹사이트에 방문하는 것이 어떤가?

Which choice (a, b, c or d) best completes the series?
어떤 보기(a, b, c 또는 d)가 연속된 것을 가장 완전하게 만드는가? /

Answer: (b) /
정답: (b) /

DID YOU ANSWER CORRECTLY? / ❶ **If so,** / you could join Mensa! / It's the world's largest and oldest
당신은 올바르게 답을 하였는가? / 그렇다면 / 당신은 멘사에 가입할 수도 있다! / 그것은 세계 최대이자 가장 오래된 국제 모임이다 /

international club / for geniuses. / The name Mensa / comes from the Latin word for "table." / Around a
천재들을 위한 / 멘사라는 이름은 / '탁자'에 해당하는 라틴어 단어에서 유래했다 / 탁자 주위에는 /

table, / nobody sits higher or lower than others / — everybody is equal. / ❷ **Mensa wanted all its**
누구도 다른 사람들보다 높거나 낮게 앉지 않는다 / 모든 사람이 평등하다 / 멘사는 모든 회원들이 평등하길 원했다 /

members to be equal, / so it chose "mensa" / for its name. / People of any race, nationality, age or social
그래서 '멘사'를 선택했다 / 이름으로 / 어떤 인종, 국적, 나이 혹은 사회적 배경을 가진 사람이라도 /

background / can join Mensa. / There are around 134,000 members / in 100 countries throughout the
멘사에 가입할 수 있다 / 약 13만 4천 명의 회원이 있다 / 전 세계 100개국에 /

world / in 2019. / There are 2,400 members / in South Korea, / ❸ **which ranks eighth in the world.** /
2019년에 / 2,400명의 회원이 있다 / 대한민국에 / 그것은 세계 8위이다 /

Members have just one thing / in common: / high intelligence. / ❹ **Anyone with an IQ** / in the top two
회원들은 단지 한 가지를 가지고 있다 / 공통으로 / 높은 지능 / IQ를 지닌 사람은 누구나 / 인구의 상위 2퍼센트

percent of the population / **can join.** / Members have the chance / to talk to other geniuses and share
안에 드는 / 가입할 수 있다 / 회원들은 기회를 가진다 / 다른 천재들과 말하고 생각을 공유하는 /

ideas. / Mensa wants to use its members' talents / to help the world, / so they participate in a lot of
멘사는 회원들의 재능을 사용하고 싶어 한다 / 세상을 돕기 위해 / 그래서 그들은 수많은 연구와 사회적 활동에 참여한다 /

research and social activities. / If you're interested in joining, / ❺ **why not visit the Mensa website today?**
만약 당신이 가입하는 데에 관심이 있다면 / 오늘 멘사 웹사이트를 방문하는 것이 어떤가? /

❶ If so = If you answered the question correctly

❷ Mensa wanted all its members to be equal
　　　　　　동사　　　　목적어　　　　목적격 보어

❸ which는 계속적 용법을 이끄는 관계대명사로 앞의 절을 받아 and it으로 바꿔 쓸 수 있다.

❹ Anyone (with an IQ in the top two percent of the population) can join.: with 전치사구가 주어인 Anyone을
　　주어　↑└──────────────────────────┘　　　　　　　　　　동사
수식한다.

❺ 「why not + 동사원형~?」은 '~하는 게 어때?'라는 의미로 제안의 표현이다. why don't you ~?로 바꿔 쓸 수 있다.

문제 정답   1 ②   2 ①   3 ②   4 ④   5 ③   6 how   7 drawing   8 to start

---

문제 해설   **1** ①, ③, ④는 구체적인 국적을 표현하는 단어이며, 이 셋을 모두 포함할 수 있는 것은 ② nationality이다.

  ① 미국인   ② 국적   ③ 중국인   ④ 핀란드(인)의

2 mix: 섞다

빨간색과 파란색을 <u>섞으면</u>, 보라색을 얻는다.

② 예측하다   ③ 퍼지다   ④ ~을 완전하게 만들다

3 talent: 재주, 재능

그는 위대한 음악적 <u>재능</u>을 가진 가수다.

① 인종   ③ 치료(법)   ④ 연구

4 genius: 천재

매우 뛰어난 능력이나 기술을 가진 사람

① 회원   ② 원어민   ③ 인구

5 「have ~ in common」은 '~을 공통으로 가지고 있다'의 의미이다.

6 관계부사 how : ~하는 방법(=the way)

이것이 프린터가 작동하는 방법이다.

7 동사 enjoys 뒤에 오는 동사의 병렬 구조로 listening, playing과 같은 형태의 drawing이 적합하다.

그는 음악을 듣고, 피아노를 연주하고 그리고 그림을 그리는 것을 즐긴다.

8 to부정사의 형용사적 용법을 써서 to start로 명사 plan을 뒤에서 수식한다.

10 Fine에 이런 뜻이!

pp. 38~39

문제 정답   **1** ②   **2** ①   **3** ①   **4** (1) sang, smiling (2) listened, drinking

문제 해설

1 Janet은 주차를 하면 '벌금(fine)'을 낸다는 말을 주차를 해도 '좋은(fine)' 것으로 잘못 이해했다.

2 Janet은 주차가 불법(illegal)인 장소에 주차를 해서 벌금을 내야 하므로 법을 어긴 것(break the law)이다.
① Janet은 법을 어겼다.
② Janet은 거짓말을 하고 있었다.
③ Janet은 표지판을 보지 못했다.
④ Janet은 벌금을 낼 돈이 없었다.
⑤ Janet과 경찰관은 서로 아는 사이였다.

3 주차하면 안 되는 장소에 주차한 후 경찰과 얘기하고 있는 상황은 ①이다.

4 동시동작을 나타내는 분사구문은 '~하면서'로 해석하며, 동시동작의 상황이므로 콤마 뒤에 현재분사가 온다.

본문 해석   어느 날 Janet은 시내로 차를 몰고 갔다. 그녀는 그 지역에 익숙하지 않아서 길가에 차를 주차했다. 그런 다음 그녀는 물건을 사기 위해 상점 안으로 들어갔다. 그녀가 나왔을 때, 그녀는 자신의 차 옆에 서 있는 경찰관을 발견하고 놀랐다. "당신은 불법 (주차) 지역에 차를 주차하셨군요. 벌금 20달러를 내야 할 겁니다. 표지판을 읽지 못했습니까?"라고 그들이 서 있는 곳 근처에 있는 표지판을 가리키면서 그가 물었다.
"물론 그것을 읽었어요."라고 Janet이 대답했다. "거기에 '주차해도 좋음'이라고 쓰여 있잖아요. 그래서 여기에 주차를 한 거예요!"

지문 풀이

One day, / Janet drove her car into town. / Since she was not familiar with the area, / she parked her car /
어느 날 /   Janet은 시내로 차를 몰고 갔다 /   그녀는 그 지역에 익숙하지 않았으므로 /   그녀는 그녀의 차를 주차했다 /

along the side of a street. / And then she went into a store / to shop. / When she came out, / **❶ she was**
길가를 따라 /   그런 다음 그녀는 상점 안으로 들어갔다 /   물건을 사기 위해 / 그녀가 나왔을 때 /   그녀는

surprised to find ❷ a police officer / **standing beside her car**. / "You parked your car in an illegal place. /
경찰관을 발견하고 놀랐다 /   그녀의 차 옆에 서 있는 /   당신은 당신의 차를 불법인 장소에 주차했습니다 /

You're going to have to pay a fine of twenty dollars. / Didn't you read the sign?" / he asked, / pointing to
당신은 벌금 20달러를 내야 할 겁니다 /   당신은 표지판을 읽지 못했나요? /   그는 물었다 /   표지판을 가리키면서 /

a sign / near **❸ where they were standing**. /
         그들이 서 있는 곳 근처에 있는 /

"Of course I read it," / answered Janet. / "It says, / 'Fine for Parking.' / **❹ That's why I parked here!**" /
물론 난 그것을 읽었어요 /   Janet은 대답했다 /   그것은 쓰여 있어요 / '주차해도 좋음'이라고 /   그것이 내가 여기에 주차한 이유예요! /

❶ to find는 놀라게 된 감정의 원인을 나타내는 to부정사의 부사적 용법이다.

❷ 현재분사구 standing beside her car가 앞에 있는 a police officer를 수식한다.

❸ 장소를 나타내는 관계부사 where이 쓰였으며 앞에 the place가 생략되었다.

❹ That's why ~는 '그것이 ~한 이유이다'라는 뜻으로, 이유를 나타내는 관계부사 why 앞에 the reason이 생략된 것이다.

문제 정답   **1** ①   **2** ④   **3** (A) stop (B) attraction (C) disappear (D) right away   **4** had been

문제 해설   **1** 빈칸 다음의 내용에서 판매자들이 더 많은 제품을 팔기 위해 소비자들의 구매 욕구를 자극하는 Romeo and Juliet method를 이용하고 있다.

① 더 많은 제품을 팔기 위해   ② 제품을 만들기 위해

③ 현명한 구매자가 되기 위해   ④ 최고의 배우자를 선택하기 위해

⑤ 첫사랑과 결혼하기 위해

2 Romeo and Juliet method는 우리가 필요로 하는 물건이 사라지려고 하면 그것이 전보다 더 필요하다고 느끼는 심리라고 했으므로 ④가 가장 적절하다.

3 Romeo와 Juliet은 그들의 부모들이 사랑을 막았기 때문에 서로 더 큰 끌림을 느꼈고, 이를 고객에게 적용하면 물건들이 막 사라지려고 하기 때문에 즉시 그것을 사려고 한다고 할 수 있다.

Romeo와 Juliet

원인 그들의 부모들이 그들의 사랑을 (A) <u>막으려고</u> 노력했다.

결과 그들은 더 큰 (B) <u>끌림을</u> 가졌다.

고객들

원인 몇몇 물건들이 막 (C) <u>사라지려고</u> 한다.

결과 그들은 그 물건들을 (D) <u>즉시</u> 사려고 한다.

4 과거완료(had + 과거분사)의 계속적 용법: ~해 오고 있었다

본문 해석   로미오와 줄리엣은 사랑 때문에 죽었다. 그러나 당신은 로미오가 줄리엣을 위해 죽었을 때, 그가 그녀를 안 지 겨우 5일 밖에 안 되었다는 사실을 알고 있었는가? 진정한 사랑이 정말 그렇게 빨리 일어날 수 있는 걸까? 한 과학자는 로미오와 줄리엣의 부모들이 그들의 사랑을 막으려고 했기 때문에 그들은 서로에게 훨씬 더 큰 매력을 느꼈다고 말한다!

우리가 갖고 싶어하는 무엇인가가 막 사라지려고 할 때, 우리는 그것이 더 갖고 싶다고 느낀다. 많은 사람들은 <u>제품을 팔기 위해서</u> 이러한 '로미오와 줄리엣의 방법'을 이용한다. 당신은 판매자들이 구매자들에게 "3일밖에 안 남았어요! 다 떨어지기 전에 사세요!"라고 소리치고 있는 것을 볼 수 있다. 구매자들은 나중에 그것을 살 수 없을까 봐 두려워서 바로 산다. 그러므로 '단 3일의 세일'을 할 때 당신이 무엇인가를 몹시 사고 싶을 때는, 스스로에게 한 번 더 물어라. "내가 정말 그것이 필요한가?"

지문 풀이

Romeo and Juliet died / ❶ **for love.** / But did you know / that when Romeo died for Juliet, / he had only
로미오와 줄리엣은 죽었다 / 사랑 때문에 / 그러나 당신은 알았는가 / 로미오가 줄리엣을 위해 죽었을 때 / 그는 겨우 5일 동안

known her for five days? / Does true love really happen so fast? / One scientist says / that because
그녀를 알고 지냈다는 것을? / 진정한 사랑이 정말 그렇게 빨리 일어날 수 있을까? / 한 과학자는 말한다 / 로미오와 줄리엣의

❷ **Romeo and Juliet's parents tried** / **to stop their love,** / they felt an ❸ **even greater attraction** / to each
부모가 노력했기 때문에 / 그들의 사랑을 막으려고 / 그들은 훨씬 더 큰 매력을 느꼈다 / 서로에게! /

other! /

When something we want / is about to disappear, / we feel like / we want it more. / Many people use
우리가 갖고 싶어하는 뭔가가 ~할 때 / 막 사라지려고 / 우리는 ~처럼 느낀다 / 우리가 그것을 더욱 갖고 싶다고 / 많은 사람들이 이러한

this "Romeo and Juliet method" / to sell goods. / You can see sellers shouting at buyers, / "❹ **Only three**
'로미오와 줄리엣의 방법'을 이용한다 /   제품을 팔기 위해서 /   당신은 판매자들이 구매자들에게 소리치고 있는 것을 볼 수 있다 /   3일밖에 안 남았어요!

days left! / Buy before it's gone!" / Buyers get scared / that they won't be able to buy it later, / so they
그것이 다 떨어지기 전에 사세요! /   구매자들은 두려워한다 /   그들이 나중에 그것을 살 수 없을까 봐 /   그래서 그들은

buy right away. / So when there is a "3-day-only sale" / and you want to buy something very much, /
바로 산다 /   그래서 '단 3일의 세일'이 있을 때 /   그리고 당신이 어떤 것을 몹시 사고 싶을 때 /

ask yourself again, / "Do I really need it?" /
당신 자신에게 한 번 더 물어라 / 내가 그것이 정말로 필요한가? /

❶ 전치사 for가 '~의 이유로, ~때문에'의 뜻으로 쓰였다.
   ex. He got award **for** his outstanding work. 그는 뛰어난 업적 때문에 포상을 받았다.

❷ try 뒤에 to + 동사원형은 '~을 하려고 노력하다'의 의미이며 try + -ing는 '~을 한번 해 보다'의 의미임에 유의해야 한다.

❸ even은 비교급을 수식하는 강조 표현으로 '훨씬'의 의미이다. even 대신 much, still, far 등도 쓸 수 있다.

❹ Only three days (are) left!: days와 left 사이에 있던 are가 생략된 것이다.
   be left : (사용, 판매 되어질 수 있게) 남아 있다

---

12 **사랑의 신, 에로스의 두 화살**   pp. 42~43

문제 정답   **1** ②   **2** ④   **3** ④

문제 해설 **1** 당신을 사랑하지 않는 사람으로 인한 불행이 본인에 의한 책임이 아닐 수도 있고 그것은 Eros와 그의 두 개의 화살로
           인한 장난 때문일 수도 있다고 했으므로 ②가 적절하다.
           ① 사랑을 얻기 위해 최선을 다해라.
           ② 때때로 우리는 사랑을 통제할 수 없다.
           ③ 우리는 그러지 말아야 할 때 사랑에 빠진다.
           ④ 사랑은 우리가 기대하지 않을 때 온다.
           ⑤ 우리는 우리에게 사랑을 돌려주지 않는 사람을 사랑하지 말아야 한다.

        2 Apollo 신에게는 금 화살, Daphne에게는 납 화살을 쏜 것으로 보아, Eros는 Apollo 신을 놀리려고 한 것임을 알
           수 있다.
           ① Apollo의 사랑을 얻기 위해
           ② Apollo 신을 도와주기 위해
           ③ Apollo 신으로부터 배우기 위해
           ④ Apollo 신을 놀리기 위해
           ⑤ 한 여인을 Apollo 신에게 소개해 주기 위해

        3 Daphne는 Eros의 납 화살을 맞았기 때문에, 사랑에 빠지게 하는 금 화살을 맞고 그녀에게 다가오는 Apollo에게서
           도망쳤다.
           왜 Daphne는 Apollo가 그녀에게 다가올 때마다 도망갔는가?
           ① 그녀는 많이 부끄러웠다.
           ② 그녀는 그의 외모에 불만이었다.
           ③ Eros가 그녀에게 Apollo를 만나지 말라고 명령했다.
           ④ 그녀는 Eros의 납 화살에 맞았다.
           ⑤ Eros가 그녀가 다른 신과 사랑에 빠지게 만들었다.

당신은 당신의 사랑을 돌려주지 않는 누군가를 사랑해 본 적이 있는가? 그것은 사랑을 주관하는 신의 장난 때문일 수도 있다. 그리스 신화에서 사랑의 신은 Eros(에로스)다. Eros는 날개와 2개의 화살을 가지고 있는 장난꾸러기 소년이다. 화살 중 하나는 금으로 된 화살촉을 가지고 있는데, 당신이 화살에 맞으면 당신을 사랑에 빠지게 만든다. 또 다른 하나는 납으로 된 화살촉을 가지고 있는데, 그것은 당신이 달아나게 한다.

가끔 Eros는 그의 화살로 장난을 쳤다. 어느 날, Eros는 Apollo(아폴로) 신을 놀리기로 결심했다. Eros는 사랑의 금 화살로 Apollo의 심장을 맞췄다. 그 즉시, Apollo는 Daphne(다프네)라는 이름을 가진 아름다운 여자와 사랑에 빠졌다. 그러나 Eros는 Daphne에게 납 화살을 쏘았다. 이것은 그녀가 Apollo를 싫어하게 만들었다. Apollo는 숲을 헤치며 Daphne를 쫓아다녔다. 그가 그녀에게 가까이 갈 때마다, 그녀는 달아났다.

당신은 당신의 사랑에 응답해주지 않는 사람으로 인해 불행한가? 그것은 당신 책임이 아닐지도 모른다. 그것은 어쩌면 Eros와 그의 두 개의 화살로 인한 장난 때문일지도 모른다.

❶ **Have you ever loved** ❷ **someone** / **who did not love you back?** / ❸ **It could be** because of the love god's
당신은 누군가를 사랑해 본 적이 있는가 / 당신의 사랑을 돌려주지 않는? / 그것은 사랑을 주관하는 신의 장난 때문일 수도 있다 /

tricks. / In Greek mythology, / the love god is Eros. / Eros is a playful boy / with wings and two
그리스 신화에서 / 사랑의 신은 Eros이다 / Eros는 장난꾸러기 소년이다 / 날개와 2개의 화살을 가지고 있는 /

arrows. / One of the arrows has a golden point, / ❹ **and it makes you fall in love** / when you get
화살 중 하나는 금으로 된 화살촉을 가지고 있다 / 그리고 그것은 당신을 사랑에 빠지게 만든다 / 당신이 화살에 맞으면 /

shot. / ❺ **The other arrow** has a lead point, / and ❻ **it makes you run** away. /
또 다른 하나는 납으로 된 화살촉을 가지고 있다 / 그리고 그것은 당신을 달아나게 만든다 /

Sometimes Eros played tricks / with his arrows. / One day, / Eros decided to make fun of the god
가끔 Eros는 장난을 쳤다 / 그의 화살로 / 어느 날 / Eros는 Apollo 신을 놀리기로 결심했다 /

Apollo. / Eros hit Apollo's heart / with the golden arrow of love. / Instantly, / Apollo fell in love with
Eros는 Apollo의 심장을 쐈다 / 사랑의 금 화살로 / 그 즉시 / Apollo는 아름다운 여인과 사랑에 빠졌다 /

❼ **a beautiful woman** / **named Daphne.** / But Eros shot Daphne with the lead arrow. / ❽ **This made her**
Daphne라는 이름을 가진 / 그러나 Eros는 Daphne에게 납 화살을 쏘았다 / 이것은 그녀가 Apollo를

hate Apollo. / Apollo chased Daphne / through the woods. / Every time he got close to her, / she ran away. /
싫어하게 만들었다 / Apollo는 Daphne를 쫓아다녔다 / 숲을 헤치며 / 그가 그녀에게 가까이 갈 때마다 / 그녀는 달아났다 /

Are you unhappy with a person / who doesn't love you back? / You may not be responsible for it. /
당신은 한 사람으로 인해 불행한가 / 당신의 사랑에 응답해주지 않는 / 그것은 당신 책임이 아닐지도 모른다 /

It might be because of the tricks of Eros and his two arrows. /
그것은 어쩌면 Eros와 그의 두 화살로 인한 장난 때문일지도 모른다 /

❶ Have you ever~?은 현재완료의 경험을 나타내며 '~해 본 적이 있는가?'의 의미이다.

❷ someone **who** did not love you back
      └─────────────┘ 주격 관계대명사

❸ could는 가능성을 나타내는 조동사로 '~일 수도 있다'의 의미이다.

❹, ❻, ❽ make + 목적어 + 목적격 보어(동사원형): ~을 …하도록 만들다

❺ 둘 중의 나머지 하나를 가리킬 때 the other를 쓴다.

❼ 명사 + named + 이름/별명: ~라고 이름 지어진(불리는)

REVIEW TEST

p. 44

문제 정답 **1** ③ **2** ① **3** ④ **4** ① **5** ② **6** had **7** listening **8** I had lived in the house for 10 years

---

문제 해설 **1** ①, ②, ④는 반의어이며 ③은 비슷한 의미를 가진 형용사들이다.
① 합법의 – 불법의   ② 비어 있는 – 가득한   ③ 남은 – 남아 있는   ④ 판매자 – 구매자

2 fine: 벌금
그는 차를 너무 빨리 운전해서, 속도 위반에 대한 벌금을 내야만 했다.
② 판매, 세일   ③ 가격   ④ 흥미

3 mythology: 신화
그리스 신화의 신들 중에서, 나는 Zeus(제우스)를 가장 좋아한다.
① 등장인물   ② 매력   ③ 배경

4 disappear: 사라지다
갑자기 어딘가로 가서 보이지 않는다
② 뒤쫓다   ③ 소리치다   ④ 어기다

5 trick: 속임수, 장난
누군가를 속이려고 의도하는 행동
① 방법   ③ 표지, 간판   ④ 화살촉

6 과거완료(had + 과거분사)의 계속적 용법: ~해 오고 있었다
나는 그 펜이 분실되기 전까지 사용해 오고 있었다.

7 동시동작을 나타내는 분사구문: ~하면서

8 과거완료(had + 과거분사)의 계속적 용법: ~해 오고 있었다

13 성별을 바꿀 수 있는 물고기 pp. 48~49

문제 정답 **1** ⑤ **2** ② **3** ⑤ **4** the people swimming in the sea

문제 해설 **1** '성별을 바꾸는 능력이 있는 goby라는 물고기가 있다'는 내용에 이어 goby에 대해 설명하는 (C)가 먼저 오는 것이 자연스럽다. '산호의 보호 아래 있어야 하므로 짝짓기를 할 때에도 멀리 가지 않는다'는 (A)가 이어지며, '만일 산호 안에 암컷만 있을 때는 성을 바꾼다'는 내용의 (B)로 연결되는 것이 자연스럽다.

2 성별을 바꾸는 물고기인 goby에 대한 내용이므로 ②가 적절하다.
① 산호를 보호하는 방법
② 성을 바꾸는 물고기
③ 산호: 고비물고기를 위한 좋은 집
④ 고비물고기의 위험한 적들
⑤ 고비물고기의 흥미로운 짝짓기 습성

3 10행에서 산호가 큰 물고기들로부터 고비물고기를 보호한다고 했으므로 ⑤는 일치하지 않는다.
① 9행 참조   ② 10행 참조   ③ 4~5행 참조   ④ 1~3행 참조

4 현재분사 뒤에 수식어구가 있을 경우 명사를 뒤에서 수식한다.

본문 해석 암컷이 수컷으로 바뀔 수 있을까? 이것은 동물계에서 자주 일어나는 일은 아니다. 하지만 고비와 같은 어떤 물고기는 성별을 바꾸는 능력을 가지고 있다.
(C) 고비물고기들은 바다 아래 산호 근처에 산다. 큰 물고기들로부터 그들을 보호해 주기 때문에 산호는 이 작은 물고기들에게 완벽한 장소이다. 그들의 집을 떠나는 것은 그들에게 위험하다.
(A) 그러므로, 심지어 그들이 짝짓기를 위해 짝을 찾아야 할 때조차, 고비물고기들은 집으로부터 아주 멀리 가지 않는다.
(B) 그렇다면 산호에 오직 암컷 고비물고기들만 살고 있을 경우에는 어떻게 될까? 그런 경우에는, 물고기의 반 정도는 간단히 그들의 성별을 암컷에서 수컷으로 바꿀 수 있다.
그리고 흥미롭게도, 고비물고기가 성별을 바꾸는 것은 오직 30일 정도밖에 걸리지 않는다. 이 얼마나 놀라운 능력인가!

지문 풀이

Can a female turn into a male? / This does not happen often / in the animal kingdom. / But some fish, /
암컷이 수컷으로 바뀔 수 있을까? /   이것은 자주 일어나는 일은 아니다 /   동물계에서 /   하지만 어떤 물고기 /
like gobies, / have the ability to change sex. /
고비와 같은   성별을 바꾸는 능력을 가지고 있다 /

(C) Gobies live near coral / under the sea. / Coral is a perfect place / for these tiny fish / because /
고비물고기들은 산호 근처에 산다 /   바다 아래 /   산호는 완벽한 장소이다 /   이 작은 물고기들에게 /   왜냐하면 /
❶ **it protects them from big fish.** / It's dangerous for them / to leave their home. /
그것은 큰 물고기들로부터 그들을 보호해 주기 때문이다 / 그들에게 위험하다 /   그들의 집을 떠나는 것은 /

(A) Therefore, / even when they have to find a partner / to mate, / gobies don't go too far away / from home. /
그러므로 /   심지어 그들이 짝을 찾아야 할 때조차 /   짝짓기를 위해 / 고비물고기들은 아주 멀리 가지 않는다 /   집으로부터 /

(B) So what if there are only female gobies / living in the coral? / In that case, / half of the fish /
그렇다면 오직 암컷 고비물고기들만 있을 땐 어떻게 될까 / 산호에 살고 있는? / 그런 경우에는 / 물고기의 반 정도는 /

can simply change their sex / from female to male. /
간단히 그들의 성별을 바꿀 수 있다 / 암컷에서 수컷으로 /

And, interestingly, / ❷ it only takes 30 days / for gobies to change their sex. / ❸ What an amazing ability! /
그리고 흥미롭게도 / 오직 30일 정도밖에 걸리지 않는다 / 고비물고기들이 그들의 성을 바꾸는 것은 / 이 얼마나 놀라운 능력인가! /

❶ protect A from B: A를 B로부터 보호하다

❷ It takes ~ for A to B는 'A가 B 하는 데 시간이 ~ 걸린다'의 의미이다.

❸ 명사를 강조하는 감탄문은 「What + (a/an) + 형용사 + 명사 + (주어) + (동사)」의 어순으로 쓰며, 원래 문장은 It is a very amazing ability.이다.

---

14 우주 비행사들의 일상생활 pp. 50~51

문제 정답 **1** ③   **2** 우주에는 중력이 없기 때문에   **3** (1) T (2) T (3) F   **4** (1) ⓐ (2) ⓑ (3) ⓐ

문제 해설 **1** 6~8행에서 중력이 없기 때문에 음료수를 마실 때 빨대를 사용하고 침낭에서 안전벨트를 하고 잔다고 했고, 운동할 때의 모습인 ③은 언급되어 있지 않다.

2 4~5행에서 우주 비행사들에게 가장 큰 어려움은 중력 없이 사는 것이고 그것 때문에 모든 것이 떠다닌다고 했다. 따라서 어려움을 겪는 근본적인 원인은 중력이 없는 것임을 알 수 있다.

3 (1) 우주 비행사들은 우주에서 무엇을 마실 때 빨대를 써야 한다. (6~7행 참조)
　(2) 침낭과 안전벨트는 우주 비행사가 우주에서 자는 것을 돕는다. (7~10행 참조)
　(3) 11~12행에서 대부분의 우주 비행사들은 다시 우주로 돌아가고 싶어 한다고 했다.
　　대부분의 우주 비행사들은 우주로 돌아가는 것을 무서워 한다.

4 조동사 must는 의무일 때는 '~해야 한다', 추측일 때는 '~임에 틀림없다'의 의미로 쓰인다.
　(1) 늦지 말아라. 너는 정각에 도착해야 <u>한다</u>.
　(2) 이것은 어려운 일임에 <u>틀림없다</u>.
　(3) 그곳에 저 혼자 가야 <u>하나요</u>?

본문 해석 많은 사람들이 우주 비행사가 되는 꿈을 꾸지만, 그것이 늘 재미있지는 않다. 우주선에서의 삶은 지구에서의 삶과 상당히 다르고 어려울 수 있다.
우주 비행사들에게 가장 큰 어려움은 중력 없이 사는 것인데, 모든 것이 떠다니기 때문이다. 이것이 먹는 것과 자는 것을 어렵게 만든다. 몇 방울의 주스 또는 우유가 모든 곳에 떠있는 것을 상상해 봐! 이것이 우주 비행사들이 빨대를 써야만 하는 이유를 설명한다. 비슷하게, 우주 비행사들은 자기 위해서 침낭에 들어가 안전벨트를 매야만 한다. 이것이 그들이 자는 동안 떠다니는 것과 다치는 것을 막는다.
이러한 어려움들에도 불구하고, 대부분의 우주 비행사들은 빨리 우주로 돌아가고 싶다고 말한다. 그 이유를 이해하는 것은 어렵지 않다. 거의 누구도 볼 수 없는 행성들과 별들의 경관을 보는 것이 얼마나 놀라울 것이 틀림없을지 상상해 보아라. 그것은 그 모든 고생을 할 가치가 있음에 틀림없다.

Many people dream of becoming astronauts, / but it isn't always fun. / ❶ **Life in a spaceship** / **is quite**
많은 사람들은 우주 비행사가 되는 꿈을 꾼다 / 그러나 그것은 늘 재미있지는 않다 / 우주선에서의 삶은 / 상당히

different from / **life on Earth**, / and it can be difficult. /
다르다 / 지구에서의 삶과 / 그리고 어려울 수 있다 /

The biggest challenge for astronauts / is living without gravity / because ❷ **everything floats around.** /
우주 비행사들에게 가장 큰 어려움은 / 중력 없이 사는 것이다 / 모든 것이 떠다니기 때문에 /

This makes / eating and sleeping difficult. / Imagine / drops of juice or milk floating / everywhere! /
이것이 만든다 / 먹는 것과 자는 것을 어렵게 / 상상해 봐라 / 몇 방울의 주스 또는 우유가 떠있는 것을 / 모든 곳에! /

❸ **This explains why astronauts must use straws.** / Similarly, / astronauts must get inside sleeping bags /
이것이 우주 비행사들이 빨대를 써야만 하는 이유를 설명한다 / 비슷하게 / 우주 비행사들은 침낭 안에 들어가야만 한다 /

and wear safety belts / to sleep. / This prevents them from floating around / and getting hurt / ❹ **while**
그리고 안전벨트를 매야만 한다 / 자기 위해서 / 이것이 그들이 떠다니는 것을 막는다 / 그리고 다치는 것을 / 자는 동안 /

sleeping. /

Despite these difficulties, / most astronauts say / they can't wait to go back to space. / ❺ **It isn't hard** /
이러한 어려움들에도 불구하고 / 대부분의 우주 비행사들은 말한다 / 그들은 빨리 우주로 돌아가고 싶다고 / 어렵지 않다 /

to understand why. / Imagine / how amazing it must be / to see views of planets and stars / that almost
그 이유를 이해하는 것은 / 상상해 봐라 / 얼마나 놀라울 것이 틀림없는지를 / 행성들과 별들의 경관을 보는 것이 / 거의 누구도

no one else can see. / It must be worth all the trouble. /
볼 수 없는 / 그것은 그 모든 고생을 할 가치가 있음에 틀림없다 /

❶ A is different from B: A와 B는 다르다

❷ everything은 '모든 것'이라는 의미이며 단수 취급하므로 동사는 floats가 쓰였다.

❸ why는 이유를 설명하는 관계부사로 앞에 the reason이 생략되어 있다.

❹ 동시 동작을 나타내는 분사구문으로 while they are sleeping에서 they are가 생략되었다.

❺ It은 가주어이며 to understand why가 진주어이다.

---

15 알고리즘과 코딩
pp. 52~53

문제 정답   **1** ②   **2** ①   **3** (A) instructions[directions] (B) steps (C) problem (D) translating (E) language
4 who → which[that]

문제 해설   **1** 알고리즘을 만들고 그것을 컴퓨터가 이해할 수 있는 언어로 바꾸는 작업인 코딩을 통해 컴퓨터 프로그램을 만들 수
있다는 것을 설명하고 있다.

① 문제를 풀기 위한 단계   ② 컴퓨터 프로그램을 만드는 방법
③ 컴퓨터 프로그래머의 업무   ④ 컴퓨터 프로그램의 중요성
⑤ 알고리즘과 코딩의 차이

2 16~19행에서 컴퓨터는 영어와 한국어처럼 사람들이 사용하는 언어를 이해할 수 없기 때문에 그것을 '프로그래밍
언어'로 번역해야 한다고 했으므로 ①은 일치하지 않는다.

3 컴퓨터 프로그래밍은 컴퓨터에게 명령하는 것으로, 알고리즘이라는 첫 번째 단계와 코딩이라는 두 번째 단계를 통해 만들어진다. 알고리즘은 문제를 풀기 위해 필요한 단계들이며, 코딩은 지시 사항을 프로그래밍 언어로 번역하는 것이다.

> 컴퓨터 프로그래밍 – 컴퓨터에게 <u>지시</u>를 내리는 것
> 1단계: 알고리즘 – <u>문제</u>를 풀기 위한 일련의 단계
> 2단계: 코딩 – 명령을 프로그래밍 <u>언어로 번역</u>하는 것

4 앞 명사가 사물일 때는 관계대명사 which[that]를 쓴다.

본문 해석   컴퓨터 프로그래밍은 컴퓨터에게 그들이 해야 하는 것에 대해 명령하는 한 방법이다. 그러면 우리가 그런 프로그램을 어떻게 만드는가? 예를 들어, 당신이 당신의 선생님으로부터 이메일이 도착했을 때 당신이 알도록 하는 '비서' 프로그램을 만들기를 원한다고 가정해 보자.

첫 번째 단계는 알고리즘을 만드는 것이다. 알고리즘은 특정한 문제를 풀기 위해 필요한 일련의 단계이다. 만일 당신이 진짜 사람 비서를 갖고 있다면, 당신은 그나 그녀에게 "제 선생님에게서 이메일이 도착했을 때 제게 알려 주세요."라고 그냥 말할 수 있다. 유감스럽게도, 컴퓨터는 사람만큼 똑똑하지 않아서, 당신은 그것에게 상세한 지시를 해야 한다.

1. 5분마다 메일함을 확인한다.
2. 만일 새로운 메일이 있다면, 보낸 사람이 내 선생님인지를 확인해 본다.
3. 만일 그렇다면, 팝업창을 보여 준다.

다음 단계는 이러한 단계들을 컴퓨터가 이해할 수 있는 언어로 쓰는 것이다. 컴퓨터는 영어나 한국어를 이해할 수 없기 때문에, 당신은 그것을 C^{++}, python 또는 Java와 같은 프로그래밍 언어로 번역해야 한다. 이 번역 작업은 코딩이라 불린다.

지문 풀이

Computer programming / is a way of / giving computers instructions / about what they should do. /
컴퓨터 프로그래밍은 / ~의 한 방법이다 / 컴퓨터에게 명령하는 / 그들이 해야 하는 것에 대해 /

So how do we make such a program? / For example, / let's say / that you want to make a "secretary" program /
그러면 우리가 그런 프로그램을 어떻게 만드는가? / 예를 들어 / 가정해 보자 / 당신이 '비서' 프로그램을 만들기를 원한다 /

❶ **that lets you know** / when an email arrives / from your teacher. /
당신이 알도록 하는 / 이메일이 도착했을 때 / 당신의 선생님으로부터 /

The first step is / to build an algorithm. / An algorithm is a series of steps / which are needed / ❷ **to solve**
첫 번째 단계는 / 알고리즘을 만드는 것이다 / 알고리즘은 일련의 단계이다 / 필요한 / 특정한 문제를

a particular problem. / If you have a real human secretary, / you can just tell him or her, / "Please let me
풀기 위해 / 만일 당신이 진짜 사람 비서를 갖고 있다면 / 당신은 그나 그녀에게 그냥 말할 수 있다 / 나에게 알려 주세요 /

know / when an email from my teacher arrives." / Unfortunately, / ❸ **a computer is not as smart as a**
내 선생님에게서 이메일이 도착했을 때 / 유감스럽게도 / 컴퓨터는 사람 만큼 똑똑하지 않다 /

human being, / so you have to give it detailed directions. /
따라서 당신은 그것에게 상세한 지시를 해야 한다 /

1. Check the mailbox every five minutes. /
5분마다 메일함을 확인한다 /

2. If there's a new email, / check and see ❹ **if the sender is my teacher.** /
만일 새로운 메일이 있다면 / 보낸 사람이 내 선생님인지를 확인해 본다 /

3. If it is, / show a pop-up on my screen. /
만일 그렇다면 / 화면에 팝업을 보여 준다

The next step is / ❺ **to write these steps** / in a language / that computers can understand. / Since computers
다음 단계는 / 이러한 단계들을 쓰는 것이다 / 언어로 / 컴퓨터들이 이해할 수 있는 / 컴퓨터들은

cannot understand the English or Korean language, / you must translate it / into a "programming
영어나 한국어를 이해할 수 없기 때문에 /   당신은 그것을 번역해야 한다 /   '프로그래밍 언어'로 /

language" / such as C++, python or JAVA. / This translating work is referred to as coding. /
    C++, python 또는 Java와 같은 /   이 번역 작업은 코딩이라 불린다 /

❶ 사역동사 let + 목적어 + 원형부정사: ~을 …하게 하다

❷ 목적을 나타내는 to 부정사의 부사적 용법이다.

❸ as ~ as를 써서 '~만큼 …한'의 동등 비교를 나타낸다.

❹ if는 명사절을 이끄는 접속사로 '~인지 아닌지'로 해석한다.

❺ to 부정사의 명사적 용법으로 보어 역할을 하며, '~하는 것'으로 해석한다.

REVIEW TEST

p. 54

문제 정답   **1** ②   **2** ④   **3** ③   **4** ④   **5** ②   **6** wearing   **7** which[that]   **8** ③

문제 해설   **1** ①, ③, ④는 반대의 의미를 나타내는 반의어 관계이며, ②는 비슷한 의미의 단어들이다.
    ① 수컷[남자] – 암컷[여자]   ② 아주 작은 – 작은
    ③ 위험한 – 안전한   ④ 비슷하게 – 다르게

2 ability: 능력
    전문가는 그들의 분야에서 대단한 능력을 가진다.
    ① 장난, 속임수   ② 경관   ③ 중력

3 direction: 지시
    이 문제를 풀기 위한 명확한 지시를 내려 주세요.
    ① 자질, 성격; (물건의) 질   ② 어려움   ④ 재능

4 planet: 행성
    우주에서 별 주위를 도는 크고 둥근 물체
    ① 우주 비행사   ② 화면   ③ 우주선

5 instruction: 지시
    누군가가 당신에게 하라고 하는 것
    ① 연속   ③ 안전   ④ 언어

6 명사를 뒤에서 수식할 때 현재분사를 쓴다.
    핑크색 원피스를 입고 있는 작은 소녀가 내 여동생이다.

7 앞 명사가 사물인 computer이므로 관계대명사 which[that]를 쓴다.
    나는 비싼 새 컴퓨터를 사고 싶다.

8 ①, ②, ④는 의무를 나타내며 ③은 추측을 나타낸다.
    ① 너는 박물관 안에서 음료를 마시지 말아야 한다.
    ② 너는 도서관에서 조용히 해야 한다.
    ③ 너는 노래하는 데 지쳤음에 틀림없다.
    ④ 너는 수영 모자를 써야 한다.

Unit 6

16 인터넷 자료 제대로 쓰기　　　　　　　　　　　　　　pp. 56~57

문제 정답　　**1** ①　　**2** ①, ③　　**3** (1) own words　(2) sources　　**4** (1) Two-fifths　(2) one-third

문제 해설

1 온라인 콘텐츠를 사용하되 그대로 쓰는 것이 아니라 자신의 생각을 담아야 한다는 내용이므로 ①이 정답이다.

① 온라인 콘텐츠를 이용하여 당신 자신의 생각을 써라.
② 리포트를 쓸 때 창조적인 생각을 사용해라.
③ 리포트를 쓸 때 인터넷 사용을 피하라.
④ 당신의 생각을 발전시키기 위해 많은 온라인 자료들을 이용해라.
⑤ 인터넷을 통해 리포트를 빨리 쓰는 방법을 배워라.

2 this problem은 앞 문장에 나오는 '~ stealing others' work is morally wrong and also against the copyright law.'의 두 가지를 가리킨다.

3 자신의 생각을 포함하여 원래 콘텐츠를 자신의 말로 표현하는 것과, 자료의 출처를 쓰는 것을 저작권법을 위반하지 않기 위한 방법으로 제시했다.

(1) 당신 자신의 생각을 추가하고 원래 콘텐츠를 당신 자신의 말로 다시 써라.
(2) 인터넷에서 가져온 당신 생각의 출처를 써라.

4 영어 분수 표현은 「분자(기수) - 분모(서수)」로 표현하며 분자가 2 이상이면 분모에 -s를 붙인다.

(1) 직원의 5분의 2는 남자다.
(2) Anna는 피자의 3분의 1을 먹었다.

본문 해석　요즘, 학생들은 그들의 숙제를 하는 데 많은 시간을 쓰지 않는다. 그들은 단순히 온라인 자료에서 정보를 복사해서 붙인다. 그러나, 이것은 다른 사람들의 저작물을 훔치는 것이 도덕적으로 잘못된 것이며 저작권법도 위반할 수 있으므로 엄청난 문제다. 우리는 어떻게 이 문제를 방지할 수 있을까?

한 가지 방법은 다른 말로 표현하기 즉 원래 내용을 다시 쓰기다. 인터넷은 유용한 정보를 제공하지만, 모든 것을 베껴서는 안 된다. 당신은 당신 자신의 말로 쓰고 또한 당신 자신의 생각을 포함하도록 노력해야 한다. 적어도 당신 글의 3분의 2가 당신 자신의 생각에 근거해야 한다.

또한, 당신이 다른 누군가의 생각을 사용하거나 그들의 글을 인용할 때마다, 당신은 반드시 당신의 리포트 하단에 출처를 언급하거나 써야 한다.

그런 식으로 당신은 저작권법을 어기는 것을 피할 뿐만 아니라 실제로 무엇인가를 배울 수 있다.

지문 풀이

These days, / students don't ❶ spend much time / doing their homework. / They simply copy and paste
요즘에는 /　　　　학생들은 많은 시간을 쓰지 않는다 /　　　　그들의 숙제를 하는 데 /　　　　그들은 단순히 정보를 복사해서 붙인다 /

information / from online sources. / However, / this is a huge problem / because stealing others' work is
온라인 자료에서 /　　　　그러나 /　　　이것은 엄청난 문제다 /　　　　다른 사람들의 저작물을 훔치는 것은 도덕적으로 잘못된

morally wrong / and could also break copyright law. / How can we avoid this problem? /
것이기 때문에 /　　　그리고 또한 저작권법을 어길 수 있으므로 /　　　어떻게 우리가 이 문제를 방지할 수 있을까? /

One way is to paraphrase, / or rewrite the original content. / The Internet provides helpful information, /
한 가지 방법은 다른 말로 바꾸어 표현하기 / 즉 원래 내용을 다시 쓰다 /   인터넷은 유용한 정보를 제공한다 /

but you shouldn't copy everything. / You should try to write things / in your own words / and also include
하지만 당신은 모든 것을 베껴서는 안 된다 /   당신은 쓰도록 노력해야 한다 /   당신 자신의 말로 /   그리고 또한 당신 자신의

your own ideas. / ❶ At least two-thirds of your writing / should be based on your own thoughts. /
생각을 포함하도록 노력해야 한다 / 당신의 글의 적어도 3분의 2가 /   당신 자신의 생각에 근거해야 한다 /

In addition, / ❸ every time you use someone else's ideas or quote their writing, / you must cite or write
또한 /   당신이 다른 누군가의 생각을 사용하거나 그들의 글을 인용할 때마다 /   당신은 반드시 출처를 언급하거나

the sources / at the bottom of your report. /
써야 한다 /   당신의 리포트 하단에 /

That way / ❹ you can actually learn something / as well as avoid breaking copyright law. /
그런 식으로 / 당신은 실제로 무엇인가를 배울 수 있다 /   저작권법을 어기는 것을 피할 뿐만 아니라 /

❶ spend + 시간 + -ing: ~하는 데 시간을 보내다

❷ at least는 '적어도'라는 의미로 반대 표현은 '기껏해야'라는 뜻의 at most다.

❸ every time은 '~할 때마다'의 뜻을 나타내는 시간을 나타내는 접속사로 사용되었다.

❹ B as well as A는 'A 뿐만 아니라 B도'라는 뜻으로, not only A but also B로 바꿔 쓸 수 있다.

   (=you can actually **not only** avoid breaking the copyright law **but also** learn something)

17 십 대들의 우정   pp. 58~59

문제 정답 1 ④   2 (1) T (2) F   3 (A) playing (B) conversations   4 ③

문제 해설 **1** 2~6행의 ⓐ~ⓒ에서 십 대들의 우정의 형태인 'hang out'에 대해 설명하고 있고, 그 내용이 ⓔ로 이어지고 있으므로 '십 대들은 그들의 감정을 쉽게 조절하지 못한다'는 내용의 ⓓ는 흐름에 어긋난다.

2 (1) 그들은 많은 장소를 여행하고 사람들을 만나는 것을 좋아한다. (5~6행 참조)
   (2) 미래에 대한 대화도 하지만 현재 생활에 대한 주제로 더 많은 대화를 한다.
      그들의 대화는 주로 그들의 미래에 초점을 맞춘다. (11~14행 참조)

3 아이들의 우정은 게임을 (A)하는 것에 집중되지만, 십 대들의 우정은 친구들과 함께하고 (B)대화를 하는 것에 집중된다.

4 조동사 could는 추측·가능성의 의미 혹은 능력을 나타내는 can의 과거형이다. ①, ②는 추측·가능성의 의미이며 ③은 능력의 의미를 나타낸다.
   ① 오늘 저녁에 비가 올 것 같다.
   ② 초인종이 울린다. 네 엄마일 것이다.
   ③ 내가 어렸을 때 나는 중국어를 하지 못했다.

본문 해석 십 대들 사이의 우정은 아이들 사이의 우정과 다르다. 아이들은 친구란 그들이 함께 노는 사람이라고 말한다. 하지만 십 대에게 친구란 그 이상이다. 우선 첫째로, 십 대들은 놀지 않고 함께 시간을 보낸다. 함께 시간을

보낸다는 것은 단지 함께 게임을 즐기는 것 이상이다. 그것은 활동을 즐기고, 장소들을 방문하고 다른 사람들을 함께 만나는 것을 의미할 수 있다. 그것은 함께 있고 대화를 나누는 것이다. 즉, 그들의 우정은 친구들과 함께 노는 것에서부터 함께 어울리고 얘기하는 것으로 변화한다. 이 변화는 사고 능력에 있어서 십 대들의 성장을 나타낸다. 십 대들이 얘기하는 주제도 또한 바뀐다. 그들의 미래에 대한 약간의 대화들이 있지만 그들의 우정, 학교 생활, 그들의 문제들 그리고 그들이 동경하거나 상호작용하는 다른 사람들과 같은 주제들에 대해 훨씬 더 많은 대화들이 있다.

지문 풀이

Friendship among teenagers is different from / friendship among children. / Children say / ❶ friends are
십 대들 사이의 우정은 다르다 / 아이들 사이의 우정과 / 아이들은 말한다 / 친구란

people they play with. / But for teenagers, / friends are more than that. / For one thing, / teens "hang out"; /
그들이 함께 노는 사람이다 / 하지만 십 대에게 / 친구란 그 이상이다 / 우선 첫째로 / 십 대들은 '함께 시간을 보낸다' /

they don't play. / Hanging out is more than / just playing a game together. / ❷ It could mean / enjoying
그들은 놀지 않는다 / 함께 시간을 보낸다는 것은 ~이상이다 / 단지 함께 게임을 즐기는 것 / 그것은 의미할 수 있다 / 활동들을 즐기고, /

activities, / visiting places / and meeting other people together. / It is about / being together and having
장소들을 방문하고 / 다른 사람들을 함께 만나는 것 / 그것은 관한 것이다 / 함께 있고 대화를 나누는 것 /

conversations. / In other words, / ❸ their friendships change / from playing with friends / to hanging out and
다시 말해서 / 그들의 우정은 변화한다 / 친구들과 함께 노는 것에서부터 / 함께 어울리고 얘기하는 것으로 /

talking. / This change reflects teens' growth / in thinking abilities. / ❹ The topics teens talk about also
이 변화는 십 대들의 성장을 나타낸다 / 사고 능력에 있어서 / 십 대들이 얘기하는 주제도 또한 바뀐다

change. / There are some conversations / about their future, / but there are many more conversations /
약간의 대화들이 있다 / 그들의 미래에 대한 / 하지만 훨씬 더 많은 대화들이 있다 /

about topics such as / their friendship, school life, their problems / and other people / they admire or interact
~와 같은 주제들에 대한 / 그들의 우정, 학교 생활, 그들의 문제들 / 그리고 다른 사람들 / 그들이 동경하거나 상호작용하는 /

with. /

❶ people과 they 사이에 play with의 목적어인 목적격 관계대명사 whom이 생략되었다.

❷ 동사 mean의 목적어인 동명사 enjoying, visiting, meeting이 병렬 구조로 연결되어 있다.

❸ change from A to B는 'A에서 B로 변하다'의 뜻이다.

❹ The topics teens talk about

---

18 믿으면 이루어진다! 피그말리온 효과 pp. 60~61

문제 정답 1 ① 2 ② 3 turn, into

문제 해설 1 만일 당신이 누군가 무엇을 하는 능력에 <u>믿음</u>을 보인다면, 그 혹은 그녀는 아마도 그것을 잘 <u>할 수 있을</u> 것이다. (15~17행 참조)

(A) (B)
① 믿음 할 수 있다
② 믿음 할 수 없다

③ 의심　　　 노력하다

④ 의심　　　 기뻐하다

⑤ 희망　　　 꺼리다

2 Pygmalion은 조각상이 진짜 여인이 되게 해달라고 계속 기도했고, 결국 조각상은 사람이 되었으므로 그의 바람이 이루어진 것이라고 볼 수 있다. (7~9행 참조)

Pygmalion이 기도했을 때, 그의 바람이 이루어졌다.

① Aphrodite는 그의 말을 듣지 않았다　　　② 그의 바람이 이루어졌다

③ Galatea는 더욱 아름다워졌다　　　④ 그는 또 다른 조각상을 받았다

⑤ 그 조각상은 여신으로 바뀌었다

3 turn A into B: A를 B로 바꾸다

- 열은 얼음을 물로 바꿀 것이다.
- 공주의 키스가 개구리를 왕자로 바꿀 수도 있다.

본문 해석

그리스 신화에서, 피그말리온은 조각가였다. 어느 날, 그는 돌과 상아로 아주 아름다운 여인을 만들어냈다. 그는 그 아름다운 조각품을 Galatea(갈라테아)라고 이름 붙였다. 그녀는 너무 사랑스러워서 그는 그녀에게서 눈을 뗄 수가 없었다. 그녀는 살아있는 여인이 아니었고 단지 돌과 상아로 만들어진 딱딱하고 차가운 조각상에 불과했다. 매일 피그말리온은 사랑과 미의 여신인 Aphrodite(아프로디테)에게 기도했다. "그녀를 진짜 여인으로 바꿔주세요." 그는 기도하고 기도했다. 그러자, 놀라운 일이 일어났다. 그 조각상이 살아난 것이었다. 그녀는 미소 지었고 심지어 그에게 말을 걸었다.

오늘날, 피그말리온이라는 이름은 종종 학생의 성과에 대한 선생님의 기대 효과에 대해 말하기 위해 사용된다. 예를 들어, 만약 선생님이 학생의 능력이 신장될 것이라고 기대하면, 그 학생의 자신감은 높아질 것이고, 그 혹은 그녀는 더 잘 수행할 것이다. 우리는 이것을 '피그말리온 효과'라고 부른다. 피그말리온 효과는 인간관계에서 볼 수 있다. 만일 당신이 사람들이 변하기를 원한다면, 그들에 대한 당신의 신뢰를 보여라. 그러면, 그들은 변화하기 시작하고 당신의 기대를 충족시킬 수 있을 것이다.

지문 풀이

In Greek mythology, / Pygmalion was a sculptor. / One day, / he created a very beautiful woman /
그리스 신화에서 / 피그말리온은 조각가였다 / 어느 날 / 그는 아주 아름다운 여인을 만들어냈다 /

with stone and ivory. / ❶ He named the beautiful sculpture Galatea. / ❷ She was so lovely / that he /
돌과 상아로 / 그는 그 아름다운 조각에게 Galatea라고 이름 붙였다 / 그녀는 너무 사랑스러웠다 / 그래서 그는 /

could not take his eyes off her. / ❸ She was not a living woman / but just a hard, cold statue / of stone
그녀에게서 눈을 뗄 수 없었다 / 그녀는 살아있는 여인이 아니었고 / 단지 딱딱하고 차가운 조각상에 불과했다 / 돌과 상아로 된

and ivory. / Every day, / Pygmalion prayed to ❹ Aphrodite, / the goddess of love and beauty, / "Please
매일 / 피그말리온은 Aphrodite에게 기도했다 / 사랑과 미의 여신인 / 그녀를

turn her into a real woman." / He prayed and prayed. / Then, something wonderful happened. /
진짜 여인으로 바꿔주세요 / 그는 기도하고 기도했다 / 그러자, 놀라운 일이 일어났다 /

The statue came to life. / She smiled / and even spoke to him. /
그 조각상이 살아났다 / 그녀는 미소 지었다 / 그리고 심지어 그에게 말을 걸었다 /

Today, / the name Pygmalion is often used / to talk about the effects of a teacher's expectations /
오늘날 / 피그말리온이라는 이름은 종종 사용된다 / 선생님의 기대의 효과에 대해 말하기 위해 /

on a student's performance. / For example, / if a teacher expects / that his student's ability will grow, /
학생의 성과에 대한 / 예를 들어 / 만약 선생님이 기대한다면 / 학생의 능력이 신장될 것이라고 /

the student's self-confidence will grow / and he or she will perform better. / ❺ We call this the "Pygmalion
그 학생의 자신감은 높아질 것이다 / 그리고 그 혹은 그녀는 더 잘 수행할 것이다 / 우리는 이것을 '피그말리온 효과'라고 부른다 /

Effect." / The Pygmalion Effect can be seen / in human relationships. / If you want people to change, /
피그말리온 효과는 보여질 수 있다 / 인간관계에서 / 만일 당신이 사람들이 변하기를 원한다면 /

show your faith in them. / Then, / they may start to change / and meet your expectations. /
그들에 대한 당신의 신뢰를 보여라 / 그러면 / 그들은 변화하기 시작할 수 있다 / 그리고 당신의 기대를 충족시킬 수 있다 /

❶ He named the beautiful sculpture Galatea.
name A B: A를 B라고 이름 붙이다, 부르다

❷ She was so lovely that he could not take his eyes off her.
so ~ that… : 너무 ~해서 …하다   not take one's eyes off A: A에게서 ~의 눈길을 떼지 못하다

❸ She was not a living woman but just a hard, cold statue of stone and ivory.
not A but B: A가 아니라 B인

❹ Aphrodite, the goddess of love and beauty,
동격

❺ We call this the "Pygmalion Effect.
call A B: A를 B라고 부르다

REVIEW TEST

p. 62

문제 정답   **1** ③   **2** ②   **3** ①   **4** ③   **5** ④   **6** Two-third → Two-thirds   **7** Three-fourths of the students have computers in their homes.   **8** 작은 실수 하나가 전쟁을 일으킬 수 있다.

문제 해설   **1** steal: 훔치다, 도용하다
다행히도, 그 도둑은 내 금반지를 훔치지 않았다.
① 포함하다   ② 피하다   ④ 붙이다

2 admire: 존경하다; 동경하다
나의 아버지는 모든 것에서 최선을 다하신다. 나는 정말 그를 존경한다.
① 제공하다   ③ 설명하다   ④ 나타내다, 반영하다

3 quote: 인용하다; 언급하다
나는 종종 성경을 인용한다.
② 다시 쓰다   ③ 다른 말로 바꾸어 쓰다   ④ 나타내다, 반영하다

4 ③ these days는 '요즘에는'의 의미이다.

5 expectation: 기대
미래에 좋은 일이 생길 것이라는 강한 희망 또는 믿음
① 효과, 영향   ② 능력   ③ 자료

6 영어 분수 표현은 분자는 기수로, 분모는 서수로 쓰며 분자가 2이상일 경우 분모에 -s를 붙인다.
직원의 3분의 2가 너무 바빠서 점심을 먹지 않는다.

7 주어인 '학생의 4분의 3'은 'Three-fourths of the students'이며, 동사인 have로 연결해 나머지 부분을 완성한다.

8 추측·가능성의 조동사 could: ~일 수 있다(현재 상황임에 주의)

19 객관식 시험 만점 받는 비결 pp. 66~67

문제 정답 **1** A. ③ B. ② C. ① **2** ④ **3** 틀리다고 확신하는 답들은 지우고, 남아있는 답들에만 집중하는 것
4 (1) 그녀는 테니스, 하이킹 그리고 스키 같은 스포츠를 즐긴다. (2) 그는 물고기처럼 수영한다.

문제 해설 **1** A. 4~5행에서 문제들이 중요한 정보를 담기 때문에, 반복해서 읽고 주요 정보에 줄을 치라고 했으므로 ③이 적절하다.
B. 8~9행에서 틀리다고 확신하는 답들을 지우고 남아있는 답에 집중하라고 했으므로 ②가 적절하다.
C. 12~14행에서 '모두, 결코 아닌, 항상, 아무 것도 아닌'과 같은 단어가 있는 답은 오답일 가능성이 높다고 했으므로
①이 적절하다.
① 특정한 단어들에 유의하라.
② 틀린 답들은 줄을 그어 지워라.
③ 문제를 주의 깊게 읽어라.

2 객관식 시험을 잘 보는 방법으로 이미 알고 있는 지식을 동원해 선택지를 고른다는 내용은 없으므로 답은 ④이다.

3 밑줄 친 This는 앞 문장인 'If ~ answers.'의 '틀리다고 확신하는 답들은 지우고 남아 있는 답들에만 집중하는 것'을
의미한다.

4 전치사 like: ~ 같은, ~처럼

본문 해석 객관식 시험을 잘 볼 수 있는 가장 좋은 방법은 무엇일까? 여기 몇 가지 비결이 있다!
A. 문제를 주의 깊게 읽어라.
문제들이 흔히 중요한 정보를 담고 있으므로 문제들을 반복해서 읽어라. 문제 안에 있는 핵심적인 정보에
밑줄을 쳐라.
B. 틀린 답들은 선을 그어 지워라.
만일 당신이 몇몇 답들이 틀리다고 확신한다면, 그들을 지우고 남아있는 답들에 집중해라. 이것은 시간을
절약하고 옳은 답을 고르는 더 나은 가능성을 줄 것이다.
C. 특정한 단어들에 유의해라.
만일 답에 '모든', '결코 아닌', '항상' 또는 '아무 것도 아닌'과 같은 말이 포함되어 있다면, 그것은 틀릴 가능성이
있으므로 이러한 절대적인 단어가 있는 답들을 피해라.

지문 풀이

❶ **What is the best way** / **to do well on multiple-choice tests**? / Here are some tips! /
가장 좋은 방법은 무엇인가 / 객관식 시험을 잘 보는? / 여기에 몇 가지 비결이 있다! /
A. Read the questions carefully. /
문제를 주의 깊게 읽어라 /
Read the questions over and over again / because they often contain important information. / Underline
문제들을 반복해서 읽어라 / 그들이 흔히 중요한 정보를 담고 있기 때문에 / 핵심적인 정보에
the key information / in the questions. /
밑줄을 쳐라 / 문제 안에 /
B. Cross out the wrong answers. /
틀린 답들은 선을 그어 지워라 /

❷ **If you are sure** / **that some answers are incorrect,** / eliminate them / and focus on the remaining
만일 당신이 확신한다면 / 몇몇 답들이 틀리다고 / 그들을 지워라 / 그리고 남아있는 답들에 집중하라 /

answers. / This will save time / and give you a better ❸ **chance of** / selecting the correct answer. /
이것은 시간을 절약해줄 것이다 / 그리고 더 나은 가능성을 줄 것이다 / 옳은 답을 고르는 /

C. Pay attention to certain words. /
특정한 단어들에 유의해라 /

If the answers contain words / like "all," "never," "always" or "none," / they are likely to be wrong, /
만일 답들이 단어들을 포함하고 있다면 / '모든', '결코 아닌', '항상', 또는 '아무 것도 아닌'과 같은 / 그것들은 틀릴 가능성이 있다 /

so avoid / ❹ **the ones** / with these absolute words. /
따라서 피해라 / 답들을 / 이러한 절대적인 단어가 있는 /

❶ What is the best way to do well on a multiple-choice test?
　　　　　　　　　　　　　형용사적 용법

❷ be sure that ~: ~을 확신하다

❸ chance of selecting the correct answer
　　　　　　　동격

❹ one는 앞에서 언급된 명사를 가리킬 때 사용되는 부정대명사로, 여기서는 answers를 가리킨다.

---

20 **꿀이 있는 곳으로 안내하는 새**　　　　　　　　　　　　　　pp. 68~69

문제 정답　**1** (B) → (A) → (D) → (C)　　**2** ②　　**3** ④　　**4** (1) something special　(2) anything wrong

문제 해설　**1** 꿀잡이새가 꿀을 찾은 후 가장 먼저 하는 일은 사람을 찾아 노래를 하는 것(B)이다. 새가 노래로 사람을 꿀이 있는 벌집으로 인도하면(A) 사람은 벌들을 벌집에서 내쫓기 위해 불을 피우고 꿀을 얻는다.(D) 마지막으로 사람은 답례로 새에게 꿀을 준다.(C)
　(A) 새는 사람을 벌집까지 안내한다.
　(B) 새는 사람을 찾아 노래하기 시작한다.
　(C) 사람은 감사의 표시로 약간의 꿀을 새에게 준다.
　(D) 사람은 벌들을 쫓아내기 위해 불을 피우고 꿀을 얻는다.

2 2~3행에서 '꿀잡이새는 혼자서 꿀을 얻을 수 없다'고 했고 이어지는 4~6행에서 '사람을 찾아 시선을 끌기 위해 노래한다'고 했으므로, ② '사람의 도움을 얻다'가 가장 적절하다.
　① 벌들을 속이다　　　　　　　　　　② 사람들에게 도움을 얻다
　③ 벌들의 공격을 피하다　　　　　　　④ 다른 새들에게 도움을 얻다
　⑤ 벌에게서 꿀을 훔치다

3 11~12행에서 꿀을 새에게 주지 않으면 좋지 않은 일이 생길 것이라고 했으므로 ④ '나쁜 운을 피하기 위해서'가 정답이다.
　아프리카 사람들은 불운을 피하기 위해 그 새에게 항상 약간의 꿀을 준다.
　① 새가 노래하게 만들다　　　　　　　② 그것의 관심을 끌다
　③ 새를 잡다　　　　　　　　　　　　④ 불운을 피하다
　⑤ 행운을 갖다

4 -thing으로 끝나는 대명사 + 형용사: ~한 것

보통 긍정문에서는 something, 부정문이나 의문문에서는 anything을 사용한다.

(1) 내일은 우리 엄마의 생신이다. 나는 그녀를 위해 <u>특별한 어떤 것</u>을 하고 싶다.

(2) 내 컴퓨터가 이상한 소리를 내고 있다. 하지만 나는 <u>잘못된 것</u>을 찾을 수가 없다.

본문 해석　아프리카에는 꿀잡이새라고 불리는 놀라운 새가 산다. 이 새가 무엇을 좋아하는지 추측할 수 있겠는가? 꿀이다! 그 새는 혼자서는 꿀을 얻을 수 없지만, 어떻게 <u>인간에게서 도움을 얻을지</u>를 안다.

그 새가 꿀로 가득한 벌집을 발견하면, 그것은 사람을 찾을 때까지 날아다닌다. 그리고 나서 새는 그 사람의 관심을 끌기 위해 노래를 한다. 일단 사람이 새를 보면 그것은 놀라운 안내 서비스를 시작한다. 꿀잡이새는 이 나무에서 저 나무로 날아다니며 벌집이 있던 장소까지 사람을 안내한다. 그들이 그곳에 도착하면, 사람은 벌집 아래에 불을 지핀다. 이것은 벌들을 떠나게 한다. 사람은 꿀을 꺼낸다. 그러나 그는 그 새에게 꿀의 일부를 주는 것을 잊지 않는다. 아프리카 사람들은 그들이 이 호의에 보답하지 않으면, 좋지 않은 일이 일어날 것이라고 믿는다.

지문 풀이

In Africa, / there lives an amazing bird / called a honeyguide. / **❶ Can you guess / what this bird**
아프리카에 / 놀라운 새가 산다 / 꿀잡이새라고 불리는 / 당신은 추측할 수 있나 / 이 새가 무엇을 좋아하는지?

loves? / Honey! / The bird cannot get honey by itself, / but it knows / how to get help from humans. /
꿀이다! / 그 새는 혼자서는 꿀을 얻지 못한다 / 그러나 그것은 안다 / 어떻게 인간에게서 도움을 얻을지를 /

When the bird discovers **❷ a bee nest** / **full of honey**, / it flies around / until it finds a human. / Then, /
새가 벌집을 찾으면 / 꿀로 가득한 / 그것은 날아다닌다 / 사람을 찾을 때까지 / 그리고 나서 /

❸ the bird sings / **to get the human's attention**. / Once the human sees the bird, / it starts its amazing
그 새는 노래한다 / 사람의 관심을 끌기 위해 / 일단 사람이 새를 보면 / 그것은 놀라운 안내 서비스를

guide service. / The honeyguide flies / from tree to tree / and leads the human / back to the bee nest. /
시작한다 / 꿀잡이새는 날아다닌다 / 이 나무에서 저 나무로 / 그리고 사람을 안내한다 / 벌집이 있던 장소로 /

When they get there, / the human makes a fire / under the nest. / **❹ This makes the bees leave**. /
그들이 그곳에 도착하면 / 사람은 불을 지핀다 / 벌집 아래에 / 이것은 벌들을 떠나게 한다 /

The human takes out the honey, / but never forgets to give some to the bird. / Africans believe / that if
사람은 꿀을 꺼낸다 / 그러나 그 새에게 꿀의 일부를 주는 것을 잊지 않는다 / 아프리카 사람들은 믿는다 / 만약 그들이

they don't return this favor, / something bad will happen. /
이 호의에 보답하지 않으면 / 좋지 않은 일이 일어날 것이라고 /

---

❶ Can you guess what this bird loves?
　　　　　　　　　간접의문문(의문사 + 주어 + 동사)
= Can you guess? + What does this bird love?

❷ a bee nest (which is) full of honey: '주격 관계대명사 + be동사'가 생략되어 있다.

❸ the bird sings to get the human's attention
　　　　　　　　　　　　　　　　　to부정사의 부사적 용법(목적)

❹ make + 목적어 + 목적격 보어(동사원형): ~을 …하게 하다

21　지구로 돌진하는 무서운 소행성　　　　　　　　　　　　pp. 70~71

문제 정답　**1** ⑤　**2** (1) F (2) F (3) T　**3** possibility　**4** (1) as tall as her brother　(2) as fast as Anna

1 소행성이 지구와 충돌했을 때 일어날 수 있는 일에 대한 글이다.
① 소행성 공격을 피하는 방법
② 지구에 대한 소행성 공격의 역사
③ 지구 주위를 도는 다양한 소행성들
④ 공상 과학 영화에 대한 과학적인 사실들
⑤ 소행성과 지구에 대한 그것들의 가능한 위험

2 (1) 지구처럼 태양 주위를 돌지만 지구보다 훨씬 작다고 했다. (6~7행 참조)
(2) 소행성을 파괴시킬 때 필요한 양이 아니라 '소행성이 지구와 충돌했을 때의 위력이 핵폭탄 6만개 이상일 수 있다'고 설명하고 있다. (12~14행 참조)
(3) 16~17행 참조

3 몇몇 과학자들은 99942 Apophis가 2036년에 지구와 충돌할 수도 있지만, 소행성 공격의 <u>가능성</u>은 매우 낮다고 말한다. (10~15행 참조)

4 as+원급+as ~: ~만큼 …한 (동등비교)

도와주세요! 무서운 별 하나가 떨어지고 있어요. 그것은 곧 지구와 충돌할 것이고 많은 사람과 동물들을 죽게 할 거예요. 이것은 공상 과학 영화에 나온 한 장면이 아니다. 그것은 미래에 일어날 수도 있다.

그 무서운 별은 사실 소행성이라고 불리는 커다란 암석이다. 소행성은 지구처럼 태양 주위를 돌지만, 그것들은 지구보다 훨씬 작다. 다양한 크기의 소행성들이 수백만 개 존재하고 있다. 작은 소행성은 버스만큼 작지만, 큰 것은 대한민국만큼 클 수 있다.

2004년 어느 밤, 빠르게 움직이는 소행성 99942 Apophis가 처음으로 발견되었다. 과학자들은 이 커다란 소행성이 2036년에 지구와 충돌할 수도 있다고 말한다! 그들은 그 소행성 충돌이 6만 개의 핵폭탄보다 더 강력할 수도 있기 때문에, 지구에 심각한 피해를 야기할 수 있다고 믿는다. 과학자들은 소행성의 지구 충돌 가능성은 매우 낮다고 (45,000 분의 1) 말하지만, 여전히 걱정하고 있다. 왜 그럴까? 그 소행성은 지구로 향하는 길에 다른 물체와 충돌할지도 모르며, 이것은 그것의 진로를 지구와 더 가깝게 바꿀지도 모른다. 우리 모두 이것이 일어나지 않기를 바라자.

"Help! / A scary star is falling. / Soon, it will hit Earth / and destroy many people and animals." /
도와주세요! / 무서운 별 하나가 떨어지고 있어요 / 곧 그것은 지구와 충돌할 거예요 / 그리고 많은 사람과 동물들을 죽게 할 거예요 /

This is not a scene / from a science fiction movie. / ❶ It could happen / in the future. /
이것은 한 장면이 아니다 / 공상 과학 영화에 나온 / 그것은 일어날 수도 있다 / 미래에 /

The scary star is actually a huge rock / called an asteroid. / Asteroids move around the sun / just like
그 무서운 별은 사실 커다란 암석이다 / 소행성이라고 불리는 / 소행성은 태양 주위를 돈다 / 지구처럼 /

Earth, / but ❷ they're much smaller than Earth. / There are millions of asteroids / of various sizes. /
하지만 그것들은 지구보다 훨씬 작다 / 소행성들이 수백만 개 존재하고 있다 / 다양한 크기의 /

A little asteroid is as small as a bus, / but a big one can be as large as Korea. /
작은 소행성은 버스만큼 작다 / 하지만 큰 것은 대한민국만큼 클 수 있다 /

One night in 2004, / a fast-moving asteroid, / *99942 Apophis*, / was observed / for the first time. /
2004년 어느 밤 / 빠르게 움직이는 소행성 / 99942 Apophis가 / 발견되었다 / 처음으로 /

Scientists say / that ❸ this huge asteroid could hit Earth in 2036! / They believe / that ❹ the asteroid
과학자들은 말한다 / 이 커다란 소행성이 2036년에 지구와 충돌할 수도 있다고! / 그들은 믿는다 / 그 소행성 공격이 심각한 피해를

attack could cause serious damage / to Earth / because ❺ it could be more powerful / than 60,000
야기할 수 있다고 / 지구에 / 왜냐하면 그것은 더 강력할 수도 있다 / 6만 개의 핵폭탄보다 /

nuclear bombs. / Scientists say / ❻ the possibility of the asteroid hitting Earth / is very low (1 in 45,000), /
과학자들은 말한다 / 소행성이 지구에 충돌할 가능성은 / 매우 낮다고 (45,000 분의 1) /

but they are still worried. / Why? / The asteroid might hit another object / on its way to Earth, / and this
하지만 그들은 여전히 걱정하고 있다 /   왜 그럴까? / 그 소행성은 다른 물체와 충돌할지도 모른다 /   지구로 향하는 길에 /   그리고 이것은

might change its course / closer to the Earth. / Let's all hope / this won't happen. /
그것의 진로를 바꿀지도 모른다 /   지구와 더 가깝게 /   우리 모두 바라자 / 이것이 일어나지 않기를 /

❶, ❸, ❹, ❺ could는 '~일 수도 있다,' '~인 것 같다'라는 의미로 미래에 일어날 수 있는 일에 대한 불확실한 추측이나 가능성을 나타낸다.

❷ much는 비교급을 강조하는 표현으로 still, even, far, a lot 등으로도 쓸 수 있다.

❻ the possibility of the asteroid hitting the Earth
                          의미상의 주어   동명사
ex. My father is sure of my younger brother's passing the exam.
                          의미상의 주어   동명사
우리 아빠는 내 남동생이 시험에 합격할 거라고 확신하신다.

REVIEW TEST   p. 72

문제 정답   **1** ④   **2** ①   **3** ③   **4** ④   **5** ②   **6** like   **7** I'd like to have something sweet.   **8** My bag is not as expensive as yours.

문제 해설   **1** ①, ②, ③은 반의어 관계이며 ④는 특별한 관계가 없다.
① 옳은 – 옳지 않은   ② 파괴하다 – 건설하다
③ 떠나다 – 도착하다   ④ 무서운 – 위험한

2 select: 선택하다, 선발하다
그 소년은 둘 중에서 분홍색 장난감을 선택하기로 결정했다.
② 발견하다   ③ 담다   ④ 안내하다

3 serious: 심각한
대기 오염은 한국에 심각한 문제가 되고 있다.
① 놀라운   ② 남아 있는   ④ 다양한

4 observe: 관측하다, 관찰하다
무엇을 매우 주의 깊게 보다
① 제거하다   ② 떠나다   ③ 야기하다

5 save: 절약하다, 아끼다; 구하다
• 나는 시간과 돈을 절약하기 위해 보통 점심으로 패스트푸드를 먹는다.
• 나는 소방관이 되어 사람들의 생명을 구하고 싶다.
① 초점을 맞추다   ③ 보호하다   ④ ~을 야기하다, 초래하다

6 전치사 like: ~처럼, ~같이

7 -thing으로 끝나는 대명사 + 형용사: ~한 것

8 as + 원급 + as ~: ~만큼 …한 (동등비교)

22 스스로 죽는 세포들 pp. 74~75

문제 정답 **1** ③ **2** ① **3** useless, sick(순서는 상관 없음) **4** (1) myself (2) himself

문제 해설 **1** 스스로 죽는 세포들에 대한 내용이므로 제목으로는 ③이 적절하다.
① 바이러스의 확산
② 세포의 생애 주기
③ 세포가 스스로 죽는 이유
④ 다양한 유형의 신체 세포
⑤ 쓸모없는 세포를 없애는 방법

2 9~11행에서 병든 세포들은 그들 주위의 다른 건강한 세포에게 영향을 미치기를 원하지 않아 스스로 죽는다고 설명하고 있다.

3 6행 'Some cells ~ get rid of useless body parts.'와 9~11행 'Sick cells don't want to ~.'에 나와 있다. 우리 몸에 있는 세포들은 그들이 쓸모 없어지거나 아플 때 자살하기로 결심한다.

4 '자기 자신'이라는 행위자 스스로가 목적어이므로 재귀대명사를 써야 한다.

본문 해석 세포는 동물의 몸을 구성하는 가장 작은 단위이다. 당신의 몸에는 엄청나게 많은 수의 세포들이 있다. 세포는 마치 사람이 그렇듯이 성장하거나 병든다. 그러나, 어떤 세포들은 다른 세포들을 도와주기 위해 자살한다는 것을 알고 있었는가? 이것은 매우 흔한 일이다. 왜 세포들은 죽기로 결심하게 되는 것일까?
어떤 세포들은 쓸모가 없게 된 신체의 일부분을 제거하기 위해 자살을 한다. 예를 들어, 올챙이는 꼬리가 있다. 그러나, 개구리는 더 이상 꼬리가 필요하지 않다. 그래서 꼬리 세포는 자살을 하고, 꼬리는 사라진다. 다른 세포들은 그들이 건강하지 않기 때문에 죽는 것을 선택한다. 아픈 세포들은 그들 주위 다른 건강한 세포들에게 영향을 미치고 싶어하지 않는다. 그래서 그들 스스로를 죽인다. 그렇게 해서, 그들은 바이러스나 질병이 퍼지지 못하게 한다. 이와 같이, 세포들은 우리의 몸을 위해 그렇게 놀라운 일을 할 수 있다.

지문 풀이

A cell is the smallest unit of an animal's body. / In your body, / there are ❶ **a huge number of**
세포는 동물의 몸을 구성하는 가장 작은 단위이다 / 당신의 몸에는 / 엄청나게 많은 수의 세포들이 있다 /

cells. / Cells grow or become sick / ❷ **just like people do.** / However, / did you know / that some cells kill
세포는 성장하거나 병든다 / 마치 사람이 그런 것처럼 / 그러나 / 당신은 알고 있었는가 / 어떤 세포들은 자살한다는 것을 /

themselves / ❸ **to help other cells**? / This is very common. / Why would cells decide to die? /
다른 세포를 도와주기 위해? / 이것은 매우 흔한 일이다 / 왜 세포들은 죽기로 결심하게 되는 것일까? /

Some cells kill themselves / ❹ **to get rid of useless body parts.** / For example, / tadpoles have tails. /
어떤 세포들은 자살을 한다 / 쓸모가 없게 된 신체의 일부분을 제거하기 위해 / 예를 들어 / 올챙이는 꼬리가 있다 /

However, / frogs no longer need tails. / So the tail cells kill themselves, / and the tail disappears. /
그러나 / 개구리는 더 이상 꼬리가 필요하지 않다 / 그래서 꼬리 세포는 자살을 한다 / 그리고 꼬리는 사라진다 /

Other cells choose to die / because they aren't healthy. / Sick cells don't want to affect other healthy
다른 세포들은 죽는 것을 선택한다 / 그들이 건강하지 않기 때문이다 / 아픈 세포들은 다른 건강한 세포에게 영향을 미치고 싶어하지 않는다 /

cells / around them, / so they kill themselves. / That way, / ❺ they prevent viruses or diseases from
그들 주위의 /　　　　그래서 그들은 자살한다 /　　　　그렇게 해서 /　　　그들은 바이러스나 질병이 퍼지지 못하게 한다 /

spreading. / Like this, / cells can do ❻ **such remarkable things** / for our bodies. /
　　　　　이와 같이 /　　세포들은 그렇게 놀라운 일들을 할 수 있다 /　　우리의 몸을 위해 /

❶ a number of는 '많은'이란 뜻으로 복수 명사를 수식한다.

❷ do는 'grow or become sick'을 받는 대동사이다.

❸, ❹ to부정사의 부사적 용법으로 '～하기 위해서'의 뜻을 나타낸다.

❺ 「prevent A from B」는 'A가 B하지 못하게 하다'의 뜻으로, B는 반드시 (동)명사 형태로 써야함에 유의한다.

❻ such + (a[an]) + 형용사 + 명사: 그렇게 ～한 …
　ex. I've never seen **such a brave woman.** 나는 그렇게 용감한 여성을 결코 본 적이 없다.

---

23 타이타닉 호의 감동 실화　　　　　　　　　　　　　　　　　　　　　pp. 76~77

문제 정답　　**1** ④　　**2** ②　　**3** (A) iceberg (B) lifeboat　　**4** to read[reading]

문제 해설　**1** 자식이 있는 사람을 살리기 위해 본인은 죽음을 택하여 희생하였음을 알 수 있다.

　2 다른 질문에 대한 답은 모두 본문에서 찾을 수 있으나 타이타닉 호가 어디에서 침몰했는지는 나와있지 않다.
　　① 타이타닉 호는 왜 침몰했는가? (3~4행 참조)
　　② 타이타닉 호는 어디에서 침몰했는가?
　　③ 타이타닉 호는 어디를 향해 가고 있었는가? (2행 참조)
　　④ 누가 먼저 구명보트에 탑승했는가? (6~7행 참조)
　　⑤ 타이타닉 호에는 얼마나 많은 사람들이 있었는가? (2행 참조)

　3 타이타닉 호가 빙산과 충돌해서 가라앉기 시작했을 때, Miss Evans는 구명보트에 있는 자신의 자리를
　　아이들의 엄마에게 주었다. (3~4행, 11~13행 참조)

　4 start는 to부정사와 동명사 둘 다 목적어로 취할 수 있는 동사이다.

본문 해석　1912년, 세계에서 가장 큰 여객 수송선인 타이타닉 호가 약 2,200명의 사람들을 태우고 영국에서 미국으로의 첫
항해를 시작했다. 불행히도, 출발 단 나흘 후에, 배는 빙산과 충돌했고 가라앉기 시작했다. 모든 사람들이 신속히
그 배에서 탈출하려고 노력했다. 그러나, 모든 사람들을 구조하기 위한 충분한 구명보트가 없었다. 여자와
아이들이 구명보트로 먼저 갈아탔다. 한 여자가 자기 아이들이 구명보트 타는 것을 도왔지만, 자신을 위한 자리가
없어 탈 수 없었다. 그녀의 아이들은 "엄마! 엄마!"하며 울기 시작했다.
갑자기 Evans라고 불리는 한 젊은 여자가 일어나서 말했다. "제 자리에 타세요. 저는 자식이 없습니다." 그 젊은
여자는 가라앉고 있는 타이타닉호로 돌아갔고, 아이들의 엄마는 구명보트에 탔다. 그 후 얼마 지나지 않아
타이타닉 호는 깊고 차가운 바다 속으로 가라앉았다.

In 1912, / ❶ the *Titanic*, / the world's biggest passenger ship, / began its first journey / from England to
1912년에 / 타이타닉 호가 / 세계에서 가장 큰 여객 수송선인 / 첫 항해를 시작했다 / 영국에서 미국으로 가는
America / with about 2,200 people on board. / Unfortunately, / just four days after its departure, / the
약 2,200명의 사람들을 태우고 / 불행하게도 / 출발 단 나흘 후에 / 배는
ship struck an iceberg / and started to sink. / Everyone quickly tried to escape / from the ship. /
빙산과 충돌했다 / 그리고 가라앉기 시작했다 / 모든 사람들이 신속히 탈출하려고 노력했다 / 그 배에서
However, / there were not enough ❷ lifeboats / to rescue all the people. / ❸ The women and children
그러나 / 충분한 구명보트가 없었다 / 모든 사람들을 구조하기 위한 / 여자와 아이들이 첫 번째였다
were the first / to transfer to the lifeboats. / ❹ One woman helped her children get into a lifeboat, /
구명보트로 갈아탈 / 한 여자가 그녀의 아이들이 구명보트 타는 것을 도왔다
but there was no room for her, / so she couldn't get on. / Her children started crying, / "Mom! Mom!" /
하지만 그녀를 위한 자리는 없었다 / 그래서 그녀는 탈 수가 없었다 / 그녀의 아이들이 울기 시작했다 / 엄마! 엄마!
Suddenly, / a young woman / called Miss Evans / stood up and said, / "You can take my place. / I don't
갑자기 / 한 젊은 여자가 / Evans라고 불리는 / 일어나서 말했다 / 제 자리를 가져가세요 / 저는 자식이
have any children." / The young woman went back / to the sinking *Titanic*, / and the children's mother
없습니다 / 그 젊은 여인은 돌아갔다 / 가라앉고 있는 타이타닉 호로 / 그리고 그 아이들의 엄마는 구명보트에 탔다
got into the lifeboat. / Soon after that, / the *Titanic* sank / into the deep, cold sea. /
그 후 얼마 지나지 않아 / 타이타닉 호는 가라앉았다 / 깊고 차가운 바다 속으로

❶ the *Titanic*, the world's biggest passenger ship
    =

❷ to rescue는 to 부정사의 형용사적 용법으로 쓰여 앞의 lifeboats를 수식한다.

❸ be the first to부정사: 처음으로 ~하다

❹ 「help + 목적어 + (to) 동사원형」: ~가 …하는 것을 돕다

24 사과를 사랑한 남자, 존 채프먼 pp. 78~79

문제 정답   **1** ①   **2** ③

문제 해설   **1** 13~16행, 18~19행이 직접적인 단서이다.

미국에 많은 사과나무를 <u>심음</u>으로써, John Chapman은 사람들을 <u>굶주림</u>에서 구하는 것을 도왔다.

	(A)	(B)
①	심음	굶주림
②	퍼뜨림	질병
③	판매함	굶주림
④	판매함	질병
⑤	심음	질병

2 그에게 사과 씨앗을 준 것은 사과 주스 생산자들이므로 ③ '한 농부가 그에게 사과 씨앗을 주었다'는 적절하지 않다.

John Chapman에 관해 일치하지 <u>않는</u> 것은?

① 그의 아버지는 사과 밭을 소유하고 있었다.

② 그는 사과에 대한 모든 것을 사랑했다.

④ 그는 그의 삶의 대부분을 사과 씨를 퍼뜨리는 데 썼다.

⑤ 모든 곳에 사과나무를 심는 것은 그의 꿈이었다.

미국인들은 사과를 매우 좋아한다. 미국인들이 어떤 것이 매우 미국스럽다고 말하고 싶을 때, 그들은 그것이 '사과파이 같이 미국적'이라고 말한다. 그들은 심지어 뉴욕 시를 '빅 애플(큰 사과)'이라고 부른다. 하지만 사과가 미국에서 항상 특별했던 것은 아니다. 한 사람이 그것을 바꿔 놓았다.

John Chapman(존 채프먼)은 1774년에 태어났다. 그의 아버지는 사과 밭을 소유하고 있었다. 그래서 Johnny(조니)는 그의 대부분의 유년기를 사과나무 주위에서 보냈다. 그는 사과의 맛을 사랑했고, 사과의 색깔과 모양까지도 좋아했다. Johnny의 꿈은 모든 곳에 사과나무를 심고, 다른 사람들과 사과를 즐기는 것이었다.

그 당시 사람들은 매우 가난했고, 많은 사람들에게는 먹을 음식이 충분하지 못했다. Johnny는 사과가 그들에게 좋은 양식이 될 것이라고 생각했다.

다행히, Johnny는 사과 주스 생산자들로부터 애써 공짜 사과 씨를 좀 얻어 내어 그것들을 모두 심었다. 그리고 나서, 그는 더 많은 씨와 그것들을 심을 새로운 장소들을 찾아냈다. 그는 그 일을 즐겼고 사과나무 심는 일을 계속했다. 그는 그의 삶 중 49년을 이 일을 하는 데 보냈다. 그의 노력 덕분에, 사과나무는 곧 미국 전역으로 퍼져 나갔다. 그 일은 미 역사상 가장 힘겨웠던 시절에 많은 배고픈 미국인들을 먹여 살렸다.

Americans love apples. / When Americans want to say / that something is very American, / they say /
미국인들은 사과를 매우 좋아한다 / 미국인들이 말하고 싶을 때 / 어떤 것이 매우 미국스럽다고 / 그들은 말한다 /

it is "as American as apple pie." / ❶ They even call New York City the "Big Apple." / But apples were not
그것이 '사과파이 같이 미국적'이라고 / 그들은 심지어 뉴욕 시를 '빅 애플(큰 사과)'이라고 부른다 / 하지만 사과가 항상 특별했던

always special / in America. / One man changed that. /
것은 아니다 / 미국에서 / 한 사람이 그것을 바꿔 놓았다 /

John Chapman was born / in 1774. / His father owned an apple field. / So Johnny spent most of his
존 채프먼은 태어났다 / 1774년에 / 그의 아버지는 사과 밭을 소유하고 있었다 / 그래서 Johnny는 그의 유년기 대부분을 보냈다 /

childhood / around apple trees. / He loved the taste of apples, / and he even liked their color and shape. /
사과나무 주위에서 / 그는 사과의 맛을 사랑했다 / 그리고 그는 사과의 색깔과 모양까지도 좋아했다 /

❷ Johnny's dream was / to plant apple trees everywhere / and to enjoy apples / with other people. /
Johnny의 꿈은 ~이었다 / 모든 곳에 사과나무를 심는 것 / 그리고 사과를 즐기는 것 / 다른 사람들과 /

At that time, / people were very poor, / and many people didn't have enough food / to eat. / Johnny
그 당시 / 사람들은 매우 가난했다 / 그리고 많은 사람들은 충분한 음식이 없었다 / 먹을 / Johnny는

thought / that apples would be a nice food for them. /
생각했다 / 사과가 그들에게 좋은 양식이 될 거라고 /

Luckily, / Johnny managed to get some free apple seeds / from apple juice makers / and planted them all. /
다행히 / Johnny는 애를 써서 공짜 사과 씨를 좀 얻어 냈다 / 사과 주스 생산자들로부터 / 그리고 그것들을 모두 심었다 /

Then, / he found more seeds and new places / to plant them. / He enjoyed the work / and ❸ kept planting
그리고 나서 / 그는 더 많은 씨와 새로운 장소들을 찾아냈다 / 그것들을 심을 / 그는 그 일을 즐겼다 / 그리고 사과나무 심는 일을

apple trees. / ❹ He spent 49 years of his life doing this work. / Thanks to his efforts, / apple trees soon
계속 했다 / 그는 그의 삶 중 49년을 이 일을 하는 데 보냈다 / 그의 노력 덕분에 / 사과나무는 곧 모든 지역으로

spread everywhere / in the U.S. / The work fed many hungry Americans / at the most difficult times /
퍼져 나갔다 / 미국의 / 그 일은 많은 배고픈 미국인들을 먹여 살렸다 / 가장 힘겨웠던 시절에 /

in the nation's history. /
미국 역사상 /

❶ they even call New York City the "Big Apple": call + 목적어 + 목적격 보어(~을 …라고 부르다)
　　주어　　동사　　목적어　　목적격 보어

❷ Johnny's dream was to plant apple trees everywhere and to enjoy apples
　　주어　　동사　보어1 (명사적 용법의 to부정사)　등위 접속사　보어2 (명사적 용법의 to부정사)

❸ keep + -ing: 계속해서 ~하다

❹ spend + 시간 + -ing: ~하면서 시간을 보내다

문제 정답 **1** ③   **2** ④   **3** ②   **4** ④   **5** ②   **6** yourself   **7** working   **8** herself

---

문제 해설 **1** '없애다'의 의미이므로 동의어인 eliminate(제거하다)와 바꾸어 쓸 수 있다.

나는 의사에게 두통을 <u>없애는</u> 방법을 물었다.

① 사라지다   ② 막다   ④ 구하다

2 ①, ②, ③은 반의어 관계이며 ④는 동사 – 명사 관계다.

① 일반적인 – 특별한   ② 거대한 – 아주 작은

③ 출발 – 도착   ④ 먹이다 – 음식, 먹이

3 useless: 쓸모없는

만일 네가 돈을 모으고 싶다면, 그것을 <u>쓸모없는</u> 것들에 쓰지 말아라.

① 놀라운   ③ 공짜의   ④ 충분한

4 unfortunately: 불행하게도

<u>불행하게도</u>, 우리 야구팀은 게임에서 졌다.

① 간단히   ② 즉시   ③ 도덕적으로

5 cell: 세포

동물이나 식물의 가장 작은 부분

① 구성 단위   ③ 모양, 형태   ④ 씨앗

6 해석 상 '당신 자신'이라는 의미가 되어야 하므로 재귀대명사인 yourself가 답이다.

당신은 당신 자신을 먼저 좋아해야 하고, 그렇지 않으면 아무도 당신을 사랑하지 않는다.

7 start는 동명사와 to 부정사 둘 다 목적어로 취할 수 있으므로 working이 답이다. work out은 '운동하다'라는 뜻이다.

나는 저녁 식사 후에 운동하기 시작했다.

8 주어와 목적어가 같은 대상일 때 목적어는 재귀대명사 형태로 쓴다.

그녀가 칼을 사용하는 동안, 실수로 그녀 스스로를 다치게 했다.

25 껌을 씹으면 기억력이 쑥쑥! pp. 84~85

문제 정답   **1** ⑤   **2** (1) T (2) T (3) F   **3** blood, remember   **4** (1) healthy (2) nervous

---

문제 해설   **1** 앞 문장에서 '씹는 것이 사람들이 더 기억하도록 돕는다'고 했으므로, '기억력'이라는 의미의 ⑤ memories가 적절하다.
     ① 생각   ② 치아   ③ 관계   ④ 감정

   2 (1) 1행 참조   (2) 9~10행 참조
     (3) 씹는 활동을 많이 할수록 기억력이 높아진다고 했다. (6~8행, 9~10행 참조)

   3 껌을 씹는 것은 당신 뇌 속의 혈류를 증가시킨다. 따라서 그것은 당신이 더 잘 기억할 수 있도록 돕는다.
     (9~10행 참조)

   4 make + 목적어 + 목적격 보어(형용사): ~을 …하게 만들다
     목적격 보어로 형용사 대신 부사를 쓰지 않도록 주의해야 한다.
     (1) 규칙적 운동은 당신을 건강하게 만들 것이다.
     (2) 그 대회는 그녀를 불안하게 만들었다.

본문 해석   껌 씹기는 입 냄새를 제거하는 좋은 방법이다. 그러나 그것은 그 이상의 일을 한다. 씹는 것은 사람들이 더 많이 기억하도록 도와준다. 어떤 과학자들이 껌 씹기가 사람의 기억력에 미치는 영향에 관한 실험을 했다. 그들은 사람들을 두 집단으로 나누었다. 한 집단은 2분 동안 껌을 씹었고, 다른 집단은 껌을 씹지 않았다. 그리고 나서, 두 집단은 동일한 정보를 암기하도록 요청 받았다. 2분 동안 껌을 씹었던 집단은 껌을 씹지 않았던 사람들보다 30퍼센트 더 많은 정보를 기억했다. 과학자들에 따르면, 저작 활동(씹기)은 뇌로 가는 혈류량을 증가시키고 두뇌가 더 잘 활동하도록 만든다고 한다. 그 결과, 사람들의 기억력이 나아진다. 이제 당신은 껌을 씹는 것에 대한 좋은 핑계가 생겼다. 하지만 수업 중에는 그것을 하지 마라!

지문 풀이

Chewing gum is ❶ **a great way** / **to get rid of bad breath**. / But it does more than that. / Chewing helps
껌 씹기는 좋은 방법이다 /   입 냄새를 제거하는 /   그러나 그것은 그 이상의 일을 한다 /   씹는 것은 사람들이 더

people remember more. / Some scientists tested / the effects of chewing gum / on people's memories. /
많이 기억하도록 도와준다 /   어떤 과학자들은 실험을 했다 /   껌 씹기의 영향에 관한 /   사람의 기억력에 미치는 /

They divided people into two groups. / ❷ **One group** chewed gum / for two minutes, / and **the other**
그들은 사람들을 두 집단으로 나누었다 /   한 집단은 껌을 씹었다 /   2분 동안 /   그리고 다른 한 집단은

group did not chew gum. / Then, / both groups were asked / to memorize the same information. /
껌을 씹지 않았다 /   그리고 나서 / 두 집단은 요청 받았다 /   동일한 정보를 암기하도록 /

The group who chewed gum for two minutes / remembered 30 percent more of the information /
2분 동안 껌을 씹었던 집단은 /   30퍼센트 더 많은 정보를 기억했다 /

than the people ❸ **who did not**. / According to the scientists, / chewing increases blood flow / to the
껌을 씹지 않았던 사람들보다 /   과학자들에 따르면 /   저작 활동(씹기)은 혈류량을 증가시킨다 /   뇌로 가는 /

brain / and makes the brain more active. / As a result, / people's memories improve. / Now you have a
그리고 두뇌가 더 잘 활동하게 한다 /   결과적으로 /   사람들의 기억력이 나아진다 /   이제 당신은 좋은 핑계가

good excuse / for chewing gum. / But don't do it / in class! /
있다 /   껌을 씹는 것에 대한 /   그러나 그것을 하지 마라 / 수업 중에! /

❶ a great way to get rid of bad breath
　　　└──────────┘ to부정사의 형용사적 용법

❷ one ~, the other ...: 둘 중에 하나(한 명)는 ~, 나머지 하나(한 명)는 …

❸ 문장에서 반복되는 chew gum이 did not 뒤에 생략되었다.
　　ex. They enjoy playing badminton, but I don't (**enjoy playing badminton**).

26　세상에서 가장 짠 호수, 사해　　　　　　　pp. 86~87

문제 정답　　**1** ③　　**2** ④　　**3** (A) low (B) lake (C) out (D) evaporate (E) saltier　　**4** three times bigger than

문제 해설

1 ⓒ 앞에 '사해에서는 어떤 노력 없이 물에 떠 있을 수 있다'는 내용이 나오고 ⓒ 뒤에 그것을 가능하게 하는 이유를 설명하는 내용이 이어지므로, '무엇이 이것을 가능하게 만드는가?'라는 뜻의 주어진 문장이 올 위치로 ⓒ가 적절하다.

2 12행에서 Dead Sea는 염도가 매우 높아 어떤 동물이나 식물도 살 수 없다고 했다.
　① 9∼10행 참조　　② 2∼3행 참조　　③ 6∼7행 참조　　⑤ 1∼2행 참조

3 사해는 고도가 낮아 주위의 물이 들어온 후에는 증발하는 것 밖에 물이 줄어들 방법이 없다. 따라서 안에 소금이 축적되어 물의 염도가 높아진다.
　호수의 고도가 매우 (A) 낮다.
　(B) 호수 주위의 지역들에서 물이 흘러 들어온다.
　물은 호수 (C) 밖으로 흐를 수 없다.
　물은 단지 (D) 증발해야만 한다.
　호수는 보통 바다보다 훨씬 (E) 더 짜다.

4 배수사+비교급 + than ~: ~보다 (배수사)만큼 더 …한

본문 해석　당신은 수영을 잘 못하는 사람인가? 걱정하지 마라. 당신은 사해에서는 어떤 노력 없이 뜰 것이다. 사해는 이스라엘과 요르단 사이에 있는 국경을 따라 위치해 있는 호수다. 놀랍게도, 수영하는 사람들은 많은 노력 없이 사해 수면 위에 뜰 수 있다. 그들은 심지어 물 위에 누워 있는 동안 책도 읽을 수 있다. <u>무엇이 이것을 가능하게 만드는가?</u> 사해는 낮은 땅 위에 있기 때문에 그것의 모든 물은 주변 지역에서부터 흘러 들어온다. 다른 호수들과 다르게 그 물은 밖으로 흘러 나갈 길이 없다. 유일한 탈출법은 증발하는 것이다. 이것이 호수가 너무 짠 이유이다. 사실, 사해는 보통 바다보다 여덟 배 더 짜다. 이것이 물의 밀도를 더 높게 만들어 뜨는 것이 더 쉽다. 하지만, 그것의 매우 높은 염분 때문에, 사해에서는 어떤 동물이나 식물도 살아남을 수 없다.

지문 풀이 ▶

Are you a poor swimmer? / Don't worry. / You will float / without any effort / in the Dead Sea. / ❶ **The**
당신은 수영을 잘 못하는 사람인가? / 　걱정하지 마라 / 　당신은 뜰 것이다 / 　어떤 노력 없이 / 　사해에서는 / 　사해는

Dead Sea is a lake / **located along the border** / **between Israel and Jordan.** / Amazingly, / swimmers are able
호수다 / 　　국경을 따라 위치하는 / 　　이스라엘과 요르단 사이에 있는 / 　놀랍게도 / 　수영하는 사람들은 뜰 수 있다 /

to float / on the surface of the Dead Sea / without much effort. / They can even read books / ❷ **while lying**
사해 수면 위에 / 　　　　많은 노력 없이 / 　그들은 심지어 책도 읽을 수 있다 / 　물 위에 누워 있는

on the water. /	What makes this possible? /	Since the Dead Sea is on low lying land, /	❸ all of its water
동안 /	무엇이 이것을 가능하게 만드는가? /	사해는 낮은 땅 위에 있기 때문에 /	그것의 모든 물은 흘러

flows in / from surrounding areas. / Unlike other lakes, / ❹ **the water has no way** / **to flow out.** / The only
들어온다 / 주위 지역에서부터 / 다른 호수들과 다르게 / 그 물은 길이 없다 / 밖으로 흘러 갈 / 유일한 탈출법은

way out is / to evaporate. / This is why / the lake is so salty. / In fact, / the Dead Sea is eight times saltier /
~이다 / 증발하는 것 / 이것이 이유다 / 호수가 너무 짠 / 사실 / 사해는 여덟 배 더 짜다 /

than normal oceans. / This makes the water denser / and floating is easier. / Because of / its extremely high
보통 바다보다 / 이것이 물의 밀도를 더 높게 만든다 / 그래서 뜨는 것이 더 쉽다 / ~ 때문에 / 그것의 매우 높은 염분 /

salt content, / however, / no animals or plants can survive / in the Dead Sea. /
하지만 / 어떤 동물 혹은 식물도 살아남을 수 없다 / 사해에서 /

❶ The Dead Sea is a lake located along the border between Israel and Jordan.
　　　　　　　　　└──────────────────────┘ 과거분사구의 명사 수식

❷ 접속사를 포함한 분사구문으로 while they are lying on the water에서 they are가 생략되었다.

❸ 전체나 부분을 가리키는 표현(all/most/any/some/half/percent 등)이 주어로 쓰이면, of 뒤의 명사에 수를 일치시킨다.
　ex. **Some of the ideas were** very creative. 그 아이디어들 중 몇 개는 매우 창의적이었다.

❹ the water has no way to flow out
　　　　　　　　└─────┘ to부정사의 형용사적 용법

---

27 **격한 감정은 가방에 넣어라!**　　　　　　　　　pp. 88~89

문제 정답 **1** ④　**2** ②　**3** 격한 감정을 억누르기 위해 잠시 넣어두는 곳　**4** (1) F (2) T　**5** so easy that my little brother can find the answer

문제 해설 **1** 격한 감정을 감정의 가방 속에 넣어 두었다가 가끔 가장 무거운 감정들을 가방에서 꺼내어 처리하라는 내용이므로 ④가 적절하다.

2 앞 문단은 '격한 감정이 들 때, 감정을 감정의 가방 안에 넣으라'는 내용이나, 뒷 문단은 '가방 안에 감정을 계속 넣으면 가득차서 감정이 폭발할 수 있다'고 하고 있다. 앞 문단과 뒷 문단이 서로 반대되는 내용이므로, 역접의 접속사 However가 적절하다.
　① 게다가　② 그러나　③ 그 결과　④ 그러므로　⑤ 예를 들어

3 가끔 감정을 제어할 수 없거나 나중에 후회할 만한 일을 하거나 말할 상황에서 감정을 emotional backpack에 넣으라고 하고 있으므로 '격한 감정을 억누르기 위해 잠시 넣어두는 곳'의 의미이다.

4 (1) 가장 무거운 감정을 가방에서 꺼내서 처리하라고 했다. (12~14행 참조)
　　덜 고통스러운 감정을 처리하는 것으로 시작해라.
　(2) 15행 참조
　　당신을 화나게 만든 사람을 탓하지 않고 당신이 어떻게 느끼는지 말해라.

5 so ~ that ...: 너무[매우] ~해서 …하다

본문 해석 때때로 우리는 우리의 감정들을 제어할 수 없고 나중에 후회할 것을 하거나 말한다. 만일 당신이 이러한 상황에

처해 있다는 것을 알게될 때 당신의 감정들을 감정의 '가방' 속에 넣는 것이 낫다. 즉, 당신의 격한 감정들을 곧바로 처리하는 대신, 당신이 진정될 때까지 기다려라.

한 친구가 당신이 시험을 보기 위해 수학 수업에 가고 있을 때, 당신에게 불쾌한 말을 한다고 가정해 봐라. 당신은 그에게 소리를 지르고 싶을 수 있지만, 만일 그렇게 하면 나중에 후회할 것이다. 그때가 당신의 감정들을 감정의 가방 속에 넣어야 할 때다.

그러나, 만일 당신이 계속 당신의 감정들을 가방 안에 더한다면, 그것은 너무 꽉 차서 당신의 감정이 폭발할 수 있다. 이것은 당신이 누군가에게 이유 없이 화나게 만들 것이다. 가끔, 당신을 괴롭히는 가장 무거운 감정을 가방에서 꺼내서 처리해라. 당신을 속상하게 만든 사람에게 공손하게 말하라. 그들을 비난하지 말고 당신이 어떻게 느꼈는지 말하라. 당신은 몇몇 오해를 알게 될 수 있다. 또는 그들이 당신을 본의 아니게 속상하게 한 것에 대해 사과할지도 모른다.

지문 풀이

Sometimes / we can't control our feelings / and do or say things / we will regret later. / When you find
때때로 / 우리는 우리의 감정들을 제어할 수 없다 / 그리고 어떤 것들을 하거나 말한다 / 나중에 후회할 / 만일 당신이 당신 스스로를

yourself / in this situation, / ❶ it's better / to put your feelings / in your emotional "backpack." / That
발견할 때 / 이러한 상황에서 / ~이 낫다 / 당신의 감정들을 넣는 것 / 당신의 감정의 '가방' 속에 / 즉 /

is, / instead of dealing with your strong emotions / right then, / wait until you calm down. /
당신의 격한 감정들을 처리하는 대신 / 곧바로 / 당신이 진정될 때까지 기다려라 /

❷ Suppose / a friend says something unpleasant to you / as you're going to math class / to take a
가정해 보자 / 한 친구가 당신에게 불쾌한 어떤 것을 말한다 / 당신이 수학 수업에 갈 때 / 시험을 보기 위해

test. / ❸ You might feel like / yelling at him, / but you'd regret it later / if you do. / That's when /
당신은 ~하고 싶을 수 있다 / 그에게 소리를 지르는 것을 / 하지만 당신은 나중에 그것을 후회할 것이다 / 만일 당신이 한다면 / 그때가 ~할 때다 /

you should put your feelings / in your emotional backpack. /
당신이 당신의 감정들을 넣어야 한다 / 당신의 감정의 가방 속에 /

However, / if you ❹ keep adding your emotions / in the backpack, / it could get so full that / your
그러나 / 만일 당신이 계속 당신의 감정들을 더한다면 / 가방 안에 / 그것은 너무 꽉 차서 / 당신의

emotions may burst out. / This will make you get angry at someone / for no reason. / Once in a
감정들이 폭발할 수 있다 / 이것은 당신이 누군가에게 화나게 만들 것이다 / 이유 없이 / 가끔 /

while, / pull out ❺ the heaviest feeling / from the backpack / that bothers you, / and deal with it. / Talk
가장 무거운 감정을 꺼내라 / 가방에서 / 당신을 괴롭히는 / 그리고 그것을 처리해라 / 공손하게

politely / to ❻ the person / who upset you. / Describe how you felt / without accusing them. / You might
말하라 / 그 사람에게 / 당신을 속상하게 만든 / 당신이 어떻게 느꼈는지를 말하라 / 그들을 비난하지 않고 / 당신은 알게 될 수

find out / some misunderstanding. / Or they may apologize / for upsetting you / unintentionally. /
있다 / 어떤 오해를 / 또는 그들이 사과할지 모른다 / 당신을 속상하게 한 것에 대해 / 본의 아니게 /

---

❶ it's better (for you) to put your feelings in your emotional "backpack."
　가주어　　　　의미상의 주어　　　　　　　　진주어

❷ suppose (that) + 주어 + 동사 ~: ~라고 가정해 보자(=let's say, imagine, consider that ~)

❸ might는 '~할 수도 있다'라는 의미로 가능성을 나타낸다. feel like + -ing: ~을 하고 싶다.
　you'd는 you would의 축약형으로 쓰였으며, 이때 would는 '~할 것이다'의 뜻이다.

❹ keep + -ing: 계속 ~하다

❺, ❻ the heaviest feeling from the backpack **that** bothers you

　the person **who** upset you

　that과 who는 모두 주격 관계대명사로, 이끌고 있는 절이 각각 앞에 있는 명사인 feeling과 person을 수식한다.

문제 정답 **1** ②　**2** ④　**3** ①　**4** ②　**5** ③　**6** angry　**7** twice　**8** Her voice was so small that I couldn't hear her.

문제 해설 **1** ①, ③, ④는 반의어 관계이며 ②는 철자만 비슷할 뿐 특별한 관계가 없다.
① ~와 비슷한 – ~와 다른　　② 증명하다 – 나아지다
③ 기분 좋은 – 불쾌한　　④ 나중에 – 먼저

2 active: 활동적인
내 남동생은 매우 활동적이어서 그는 계속 움직이고 논다.
① 잘 못하는　② 보통의　③ 공손한

3 situation: 상황
만일 우리가 쓰레기 문제에 대해 아무것도 하지 않으면, 우리는 심각한 상황에 직면할 것이다.
② 핑계, 변명　③ 수면, 표면　④ 노력, 수고

4 apologize: 사과하다
당신이 누군가의 마음을 아프게 해서 미안하다고 말하다
① 살아남다　③ 후회하다　④ 비난하다

5 memorize: 암기하다
정확하게 기억하기 위해 어떤 것을 외우다
① 말하다, 서술하다　② 괴롭히다　④ 가정하다

6 make + 목적어 + 목적격 보어(형용사): ~을 …하게 만들다
내 남동생은 계속 내게 소리를 질러서 그것이 나를 화나게 만든다.

7 배수사+비교급 + than ~: ~보다 (배수사)만큼 더 …한
그녀의 머리카락은 나의 것보다 두 배 더 길다.

8 so ~ that …: 너무[매우] ~해서 …하다

28 화성, 제 2의 지구

문제 정답 1 ④ 2 온도가 영하 60도이다. (인간이 마실) 물이 없다. 3 (A) sunlight (B) melt (C) fresh water (D) Humans[People] 4 knew, could

문제 해설

1 (B)의 This가 단락 맨 처음의 말풍선 안에 있는 내용을 가리키므로 (B)가 가장 먼저 오고, (C)에서 현재의 화성은 매우 춥고 물도 없다는 내용에 이어 '과학자들은 화성을 인간들에게 편한 장소로 만들 생각을 갖고 있다'는 (A)로 연결되는 것이 가장 자연스럽다. (A)의 an idea가 다음 단락의 The idea와 연결된다는 점에 유의한다.

2 7~9행에 인간이 화성에서 살 수 없는 두 가지 이유인 온도와 물에 대한 내용이 나와있다.

3 (1) 화성은 거울에서 (A) 햇빛을 얻는다. (10~11행 참조)
(2) 햇빛은 화성의 얼음을 (B) 녹일 것이다. (12~13행 참조)
(3) 그러면, 화성에 (C) 신선한 물이 있게 될 것이다. (13행 참조)
(4) (D) 인간들이 화성에 살 수 있게 될 것이다. (14행 참조)

4 가정법 과거: 만일 ~한다면 …할 텐데
If + 주어 + 동사의 과거형(be 동사는 were) ~, 주어 + would/should/could/might + 동사원형 …
나는 그의 전화번호를 몰라서, 그에게 전화할 수 없다.
= 만일 내가 그의 전화번호를 안다면, 그에게 전화할 텐데.

본문 해석 "신사 숙녀 여러분, 우리는 10분 후에 화성에 도착할 것입니다. 여러분은 창문으로 아름다운 풍경을 감상하실 수 있을 것입니다…."
(B) 이것은 공상 과학 소설처럼 들리지만, 몇몇 과학자들은 이러한 일이 미래에 일어날 수도 있다고 생각한다.
(C) 현재 화성의 평균 온도는 영하 60도이다. 물론 모든 것이 얼어 있기 때문에 액체 상태의 물은 없다.
(A) 그러나 과학자들은 화성을 인간들에게 편한 곳으로 만들 수 있는 한 생각을 갖고 있다.
그 생각은 우주에 많은 거대한 거울들을 세우는 것이다. 그 거울들이 햇빛을 화성 쪽으로 반사시킬 것이다. 그러면 화성은 인간들에게 (살 수 있을 정도로) 충분히 따뜻해질 것이다. 또한, 거울에서 나오는 열이 화성의 얼음을 녹이고 인간들에게 신선한 물을 제공할 것이다. 만약 이것이 정말로 가능하다면, 사람들은 화성으로 이주할 수 있을 것이다.

지문 풀이

"Ladies and gentlemen, / ❶ we will be arriving on Mars / in ten minutes. / You may enjoy the beautiful
신사 숙녀 여러분 /　　　　　　　우리는 화성에 도착할 것입니다 /　　　10분 후에 /　　　여러분은 아름다운 풍경을 감상할 수 있을
scenery / from the windows...." /
것입니다 /　창문으로 /
(B) This sounds like science fiction, / but some scientists think / it could happen in the future. /
이것은 공상 과학 소설처럼 들린다 /　　　　　하지만 몇몇 과학자들은 생각한다 /　　그것이 미래에 일어날 수도 있다고 /
(C) At present, / the average temperature on Mars is / 60℃ below zero. / Of course, / there is no liquid
현재는 /　　　화성의 평균 온도는 ~이다 /　　　　　　　　　영하 60도 /　　　물론 /　　　액체 상태의 물은 없다 /
water / because everything is frozen. /
모든 것이 얼어 있기 때문에 /

(A) However, / ❷ scientists have an idea / that could make Mars comfortable / for humans. /
그러나 / 과학자들은 하나의 생각을 갖고 있다 / 화성을 편한 곳으로 만들 수 있는 / 인간들에게 /

The idea is to build a lot of giant mirrors / in space. / The mirrors ❸ would reflect sunlight / toward
그 생각은 많은 거대한 거울들을 세우는 것이다 / 우주에 / 그 거울들이 햇빛을 반사시킬 것이다 / 화성 쪽으로 /

Mars. / Then, / Mars ❹ would become ❺ warm enough / for humans. / Also, / the heat from the mirrors /
/ 그러면 / 화성은 충분히 따뜻해질 것이다 / 인간들에게(살 수 있을 만큼) / 또한 / 거울들에서 나오는 열이 /

❻ would melt the ice on Mars / and provide fresh water for humans. / If this were possible, / people might
화성의 얼음을 녹일 것이다 / 그리고 인간에게 신선한 물을 제공할 것이다 / 만약 이것이 정말로 가능하다면 / 사람들은 화성으로

be able to move to Mars. /
이주할 수 있을 것이다 /

❶ 미래진행형(will be + -ing): '~하고 있을 것이다'라는 뜻으로 미래의 어느 시점에 진행 중일 동작을 나타낸다. '~할 것이다'라는 의지보다 '~하는 중일 것이다'라는 정보 전달에 더 초점을 둔다.

❷ scientists have an idea (that could make Mars comfortable for humans)
　　　　　　　　　　　　　　↑주격 관계대명사　make + 목적어 + 목적격 보어 (형용사)
that 이하의 주격 관계대명사 절이 앞의 an idea를 수식한다.

❸, ❹, ❻ If절이 생략된 가정법 문장의 조동사로 볼 수 있으며 '~일 수도 있다'는 가능성의 의미를 나타낸다.

❺ enough는 형용사 혹은 부사를 뒤에서 수식한다.
　ex. The house is big enough for us. 그 집은 우리가 살 수 있을 만큼 크다.

29 상어와 인간의 공통점　　　pp. 94~95

문제 정답　1 ④　2 ①　3 ②　4 ③

문제 해설　1 작은 수조에 있는 상어는 크게 자라지 못하고 대양에서는 크게 자랄 수 있는 것처럼, 인간의 사고도 편안한 곳에 안주하지 않고 다양하고 새로운 경험들을 통해 성장할 수 있음을 비유하고 있다.
　① 바다　② 새로운 생각들　③ 수조　④ 상어의 몸　⑤ 안전지대

2 만일 우리가 (B) 안전지대에 머문다면 우리의 사고는 (A) 성장할 수 없다.

	(A)	(B)
①	성장하다	안전지대
②	발달하다	공개된 상황
③	다치다	안전지대
④	발달하다	도전 지역
⑤	성장하다	위험 상황

3 (A) 뒤에 comfortable, easy라는 형용사가 연결되므로 (A)는 '평범한'의 뜻을 가진 common이 적절하다.
(B)에서는 안전지대를 '떠나라'라는 뜻을 가진 leave가 앞의 마음이 열려 자라길 원한다면 크고 어려운 생각을 받아들이라는 내용에 이어져 적합하다.
(C)는 자신의 사고에 도전하라는 내용에 이어 많은 새로운 것을 피하기 보다는 '경험하라'는 experience가 적절하다.

4 ①, ②는 결과를 나타내는 to부정사의 부사적 용법으로 쓰였고, ③은 명사를 수식하는 형용사적 용법으로 쓰였다.
　① 그는 깨어나서 그가 유명해진 것을 알았다.
　② 그 소년은 자라서 훌륭한 피아니스트가 되었다.
　③ 나는 주말에 해야 할 많은 일들이 있다.

상어는 보통 바다에서 200에서 350 센티미터까지 자라난다. 그러나 그들이 작은 수조에 놓여지면, 완전히 성장했을 때에도 그들은 길이가 겨우 30 센티미터일 것이다. 그것은 우리의 사고에도 마찬가지이다. 만약 우리가 평범하고, 편안하고, 쉬운 생각만을 받아들이면 우리의 사고는 성장하지 않을 것이다. 즉, 평범한 생각을 가지고 있는 사람은 수조에서 자라는 한 마리의 상어와 같다. 우리가 원대하고 어려운 생각을 받아들인다면, 우리의 사고는 대양에서 크게 성장하는 상어와 같이 열려 자라날 것이다. 만약 당신이 자라서 위대하게 되길 원한다면 당신의 안전지대를 떠나라. 당신의 사고에 도전하고 많은 새로운 것들을 경험해라! 당신 자신을 새로운 생각에 열어 두어라. 당신이 보통은 읽지 않을 책을 읽어라. 훌륭한 선생님을 찾아라. 세계를 여행해라. 모험을 떠나라.

지문 풀이

A shark usually grows / to be 200 to 350 centimeters long / in the ocean. / If they are put in a little fish tank, /
상어는 보통 자라난다 / 200에서 350센티미터 길이까지 / 바다에서 / 그들이 작은 수조에 놓여지면 /

however, / they will be only 30 centimeters long / even ❶ when fully grown. / It is the same with our
그러나 / 그들은 겨우 30 센티미터 길이일 것이다 / 완전히 성장했을 때에도 / 그것은 우리의 사고에도 마찬가지이다

minds. / If we only accept common, comfortable and easy ideas, / our minds will not grow. / In other
만약 우리가 평범하고, 편안하고, 쉬운 생각만을 받아들이면 / 우리의 사고는 성장하지 않을 것이다 / 달리 말하면

words, / a person with common ideas / is like ❷ a shark / growing up in a fish tank. / If we take in big
평범한 생각을 가지고 있는 사람은 / 한 마리의 상어와 같다 / 수조에서 자라는 / 만약 우리가 원대하고 어려운

and difficult ideas, / our minds will open and grow, / just like a shark grows big / in the ocean. / If you
생각을 받아들인다면 / 우리의 사고는 열려 자라날 것이다 / 상어가 거대하게 자라는 것과 같이 / 대양에서 / 만약 당신이

want to grow to become great, / leave your comfort zone. / Challenge your mind / and experience many
자라서 위대하게 되길 원한다면 / 당신의 안전지대를 떠나라 / 당신의 사고에 도전하라 / 그리고 많은 새로운 것들을 경험해라!

new things! / ❸ Keep yourself open to new ideas. / ❹ Read books that you normally wouldn't. / Find
당신 자신을 새로운 생각에 열어 두어라 / 책을 읽어라 / 당신이 보통은 읽지 않을 / 훌륭한

great teachers. / Travel the world. / Go on adventures. /
선생님을 찾아라 / 세계를 여행해라 / 모험을 떠나라 /

❶ when (they are) fully grown: when과 fully grown 사이에 '주어 + be동사'가 생략되어 있다.

❷ a shark growing up in a fish tank
    뒤에서 명사를 수식하는 현재분사구

❸ keep + 목적어 + 목적격 보어: ~가 …한 상태로 유지시키다
    ex. You should keep your hands clean.: 너는 너의 손을 깨끗이 유지해야 한다.

❹ Read books that you normally wouldn't.: that은 목적격 관계대명사이며, wouldn't 뒤에는 read가 생략되었다.

---

30 박테리아는 우리의 친구
pp. 96~97

문제 정답 1 ④   2 ⑤   3 ⑤

문제 해설 1 박테리아가 인간에게 유익하며 필수적이라는 내용의 글이므로 ④가 적절하다.
① 모든 박테리아는 다르다 　　　　　② 박테리아는 어디에나 있다
③ 박테리아는 키워질 수 있다 　　　④ 인간은 박테리아 없이 살 수 없다
⑤ 박테리아는 병을 야기한다

2 (A)앞에서 박테리아는 인체가 하는 모든 활동에 참여한다고 했으며, 뒤 내용은 그 활동들에 대한 예시를 보여주고 있으므로 '예를 들면'의 뜻을 가진 For example이 적절하다.

(B)앞의 내용이 인간의 인체 대사 활동 유지에 박테리아가 필수 불가결한 존재라는 것이며, 뒤에서는 박테리아 없이 인간은 살 수 없다고 앞 내용을 요약해서 말하고 있으므로, '요컨대, 요약하면'의 뜻을 가진 In short가 적절하다.

① 결과적으로–그렇지 않으면　　　② 다시 말해서–요컨데

③ 다시 말해서–그렇지 않으면　　　④ 예를 들면–비슷하게

3 ① 그들은 해로운 바이러스를 싸워 물리치는 것을 돕는다. (13~14행 참조)

② 그들은 우리 인체의 모든 부분에 산다. (4~6행 참조)

③ 그들은 음식물을 소화시키고 노폐물을 청소하는 것을 돕는다. (12~13행 참조)

④ 어떤 박테리아는 인간을 위해 비타민을 만든다. (14~15행 참조)

⑤ 박테리아의 수는 우리 인체 세포의 10분의 1이 아니라 한 세포 당 10개의 박테리아가 있다고 했다. (6~7행 참조)

　　그들의 수는 우리 인체 세포의 10분의 1이다.

본문 해석　많은 사람들은 모든 박테리아가 해롭다고 생각한다. 그들은 틀렸다! 사실, 불과 10퍼센트만이 해로운 반면 90퍼센트의 박테리아는 이롭다.

우리가 태어나자마자 박테리아는 우리 인체의 모든 곳에서 자라기 시작한다. 그들은 우리의 입, 위, 장, 그리고 피부에서 발견된다. 얼마나 많은 수의 박테리아가 우리 몸에 살고 있을까? 모든 인간의 세포마다 10개의 박테리아가 있다. 과학자들은 대략 2,000조 개의 박테리아가 우리 몸에 살고 있다고 말한다.

박테리아는 우리의 손님과 같다. 숙주로서, 우리의 인체는 박테리아에게 섭취할 음식과 살 장소를 제공한다. 보답으로, 박테리아는 우리 인체가 하는 거의 모든 활동에 참여한다.

예를 들어, 그들은 음식을 분해하여 소화시키도록 돕는다. 그들은 또한 노폐물을 제거하고 해로운 박테리아와 바이러스를 싸워 물리치는 것을 돕는다. 일부 박테리아는 심지어 우리 몸이 만들어내지 못하는 비타민을 만들어 내기도 한다. 요컨대, 박테리아의 도움이 없다면 우리의 몸은 어떤 것도 할 수 없을 것이다. 박테리아는 우리 없이도 생존할 수 있지만, 우리는 그들 없이는 결코 살 수가 없다.

지문 풀이

Many people think / that all bacteria are harmful. / They are wrong! / In fact, / ❶ **ninety percent of**
많은 사람들은 생각한다 /　　모든 박테리아가 해롭다고 /　　　그들은 틀렸다! /　　사실 /　　90퍼센트의 박테리아는 이롭다 /

bacteria are helpful / while only ten percent are harmful. /
　　　　　　반면 불과 10퍼센트만이 해롭다 /

❷ **As soon as we are born,** / bacteria begin to grow / all over our bodies. / They can be found / in our
　우리가 태어나자마자 /　　박테리아는 자라기 시작한다 /　우리 인체의 모든 곳에서 /　그들은 발견될 수 있다 /　　우리의 입,

mouths, stomachs, intestines and on our skin. / How many bacteria live / in our bodies? / For every human
위, 장 그리고 피부에서 /　　　　얼마나 많은 수의 박테리아가 살고 있을까? / 우리 몸 안에 /　모든 인간 세포마다

cell, / there are ten bacteria. / Scientists say / that about 2,000 trillion bacteria live / in our bodies. /
　/ 10개의 박테리아가 있다 /　과학자들은 말한다 /　대략 2,000조 개의 박테리아가 살고 있다 /　우리 몸 안에 /

Bacteria are like guests. / As a host, / our bodies give bacteria / ❸ **food to eat and places to live.** /
박테리아는 우리의 손님과 같다 /　숙주로서 /　우리의 인체는 박테리아에게 제공한다 /　섭취할 음식과 살 장소를 /

In return, / bacteria take part in / ❹ **almost all the work** / **our bodies do.** /
보답으로 /　박테리아는 참여한다 /　거의 모든 활동에 /　우리 인체가 하는 /

For example, / they help / to break down food / and digest it. / They also help get rid of waste /
예를 들어 /　그들은 돕는다 /　음식을 분해하도록 /　그리고 그것을 소화시키도록 / 그들은 또한 노폐물을 제거하는 것을 돕는다 /

and fight off harmful bacteria and viruses. / Some bacteria even create vitamins / that our bodies cannot
그리고 해로운 박테리아와 바이러스를 싸워 물리치는 것을 /　일부 박테리아는 심지어 비타민을 만들어 내기도 한다 /　우리 몸이 만들어내지 못하는 /

make. / In short, / ❺ **without the help of bacteria,** / **our bodies could not do anything.** / Bacteria can
　/ 요컨대 /　박테리아의 도움이 없다면 /　우리의 몸은 어떤 것도 할 수 없을 것이다 /　박테리아는 생존할

survive / without us, / but we can't live / without them. /
수 있다 /　우리 없이도 /　하지만 우리는 살 수가 없다 /　그들이 없다면 /

❶ 「숫자 + percent of + 명사」가 주어로 쓰일 경우 명사의 수에 따라 동사의 수가 결정된다. bacterium의 복수형인 bacteria가 주어이므로 동사는 are가 된다.

❷ 「As soon as + 주어 + 동사」는 '~하자마자'의 뜻이다.

❸ food to eat and places to live

to부정사의 형용사적 용법으로 각각 앞에 있는 명사 food와 places를 수식한다.

❹ almost all the work (that) our bodies do

목적격 관계대명사절로 관계대명사 that이 생략되어 있으며 앞의 the work를 수식하는 구조이다.

❺ without은 '~이 없다면'의 뜻으로 가정법 과거로 쓰였고 이에 따라 종속절에는 조동사 could를 썼다.

without the help of bacteria
= if it were not for the help of bacteria

REVIEW TEST

p. 98

문제 정답 **1** ① **2** ④ **3** ③ **4** ① **5** ② **6** had **7** to find **8** were **9** grew up to

문제 해설

1 harmful: 해로운

흡연은 십 대들에게 매우 해롭다.
② 도움이 되는   ③ 편안한   ④ 가능한

2 reflect: 반사하다

거울은 햇빛을 반사한다.
① 유지하다   ② 말하다, 서술하다   ③ 암기하다

3 melt: 녹다, 녹이다
• 얼음은 강한 햇빛 아래에서 녹기 시작했다.
• 토마토 소스를 만들기 위해, 먼저 프라이팬에서 버터를 녹여라.
① 공급하다   ② 만들다   ④ 소화시키다

4 challenge: 도전하다; 도전 의식을 북돋우다
• 창의적인 사상가가 되기 위해서, 평범한 생각들에 도전하라.
• 그 일은 내게 전혀 도전 의식을 북돋우지 못해서, 나는 지루했다.
② 받아들이다   ③ 피하다   ④ 증가시키다

5 in return은 '답례로, 보답으로'의 뜻이다.

6 가정법 과거: 만일 ~한다면 …할 텐데
If + 주어 + 동사 과거형(be 동사는 were) ~, 주어 + would/should/could/might + 동사원형 …
만일 내게 돈이 충분하다면, 네게 새 컴퓨터를 사 줄 수 있을 텐데.

7 결과를 나타내는 to부정사의 부사적 용법: ~해서 (그 결과) …하다
나는 눈을 뜨자 모든 사람이 나를 보고 있다는 것을 알았다.

8 가정법 과거: 만일 ~한다면 …할 텐데
If + 주어 + 동사 과거형(be 동사는 were) ~, 주어 + would/should/could/might + 동사원형 …

9 결과를 나타내는 to부정사의 부사적 용법: ~해서 (그 결과) …하다

31 중국어에서 온 영어 표현들   pp. 102~103

문제 정답   **1** ④   **2** ④   **3** (1) T (2) T (3) F   **4** (1) few (2) a few (3) a little

문제 해설   **1** '영어가 중국어의 영향을 받았다'는 내용의 주어진 글 다음에는 예시인 'long time no see'를 소개하는 (C)가 오는 것이 자연스럽다. 이어 이에 대해 설명하는 (A)가 오고, 또 다른 예시들을 제시하는 (B)가 그 다음에 오는 것이 적절하다.

   2 중국어의 영향을 받은 영어 표현들에 대해 설명하는 글이므로 ④가 적절하다.
     ① 중국에서 영어를 공부하는 방법
     ② 중국인들이 영어를 쉽게 배우는 이유
     ③ 중국어와 영어의 차이점
     ④ 중국어의 영향을 받은 영어 표현들
     ⑤ 중국어를 영어로 번역하는 것의 어려움

   3 (1) 4~5행 참조
     (2) 6~7행 참조
     (3) 현재 완벽히 받아들여져 널리 사용되고 있다. (10~11행 참조)

   4 (1) few + 셀 수 있는 명사(복수형): 거의 없는, 극소수의 (부정의 의미)
     (2) a few + 셀 수 있는 명사(복수형): 몇몇의, 약간의 ~ (긍정의 의미)
     (3) a little + 셀 수 없는 명사: 조금, 약간의 ~ (긍정의 의미)

본문 해석   영어는 긴 역사를 통해 프랑스어와 라틴어에서 많은 단어들을 차용해 왔다. 영어는 또한 중국어의 영향을 받아왔지만, 이것을 아는 사람은 거의 없다.
   (C) 예를 들어, 'long time no see'는 중국어가 영어 관용구에 영향을 끼친 하나의 예다. 제대로 된 영어 문법에서 그 구는 '오랫동안 서로를 보지 못해 왔다'가 되어야 할 것이다.
   (A) 이 표현은 미국에서 중국인들이 사용하는 틀린 영어의 재미있는 흉내로 시작되었다. 그러나, 지금 그것은 가장 흔히 쓰이는 영어 관용구 중 하나가 되었다.
   (B) 'no-go area'와 'to lose face'와 같은 다른 관용구들 역시 틀린 영어이다. 그것들은 사실 중국어의 직역이다. 흥미롭게도, 그것들은 지금 완전히 용인되어 영어 회화에서 널리 사용되고 있다.

지문 풀이

Throughout its long history, / the English language has borrowed many words / from French and
그것의 긴 역사를 통해 /   영어는 많은 단어들을 차용해 왔다 /   프랑스어와 라틴어에서부터 /

Latin. / ❶ **English has also been influenced** / **by Chinese**, / but few people know this. /
   영어는 또한 영향을 받아 왔다 /   중국어에 의해 /   하지만 이것을 아는 사람은 거의 없다 /

(C) For instance, / the phrase "long time no see" is an example / of Chinese influence / on English idioms. /
   예를 들어 /   'long time no see'라는 구는 하나의 예다 /   중국어 영향의 /   영어 관용구에 미친 /

   In proper English grammar, / ❷ **the phrase would be** "we haven't seen each other for a long time." /
   제대로 된 영어 문법에서 /   그 구는 '우리는 오랫동안 서로를 보지 못해 왔다'가 되어야 할 것이다 /

(A) This expression started out / as a humorous imitation / of incorrect English / spoken by Chinese /
이 표현은 시작되었다 / 재미있는 흉내로 / 틀린 영어의 / 중국인들에 의해 말해지는 /

in the United States. / However, / now it has become / ❸ **one of the most common English idioms.** /
미국에서 / 그러나 / 지금 그것은 되었다 / 가장 흔히 쓰이는 영어 관용구 중 하나가 /

(B) Other phrases / such as "no-go area" and "to lose face" / are also incorrect English. / They are actually
다른 관용구들 / 'no-go area'와 'to lose face'와 같은 / 역시 틀린 영어이다 / 그것들은 사실 중국어의

direct translations from Chinese. / Interestingly, / they are now perfectly acceptable / and widely used
직역이다 / 흥미롭게도 / 그것들은 지금 완전히 용인되고 있다 / 그리고 영어 회화에서 널리

in English conversations. /
사용되고 있다 /

❶ 현재완료 수동태 문장으로 능동태 문장은 'Chinese has also influenced English'이다.

❷ 조동사 would는 '~일 것이다'로 해석되는 추측의 의미다.

❸ one of the + 최상급 + 복수명사: 가장 ~한 것 중 하나

---

32 똑같이 먹었는데 왜 나만 살이 찌지? pp. 104~105

문제 정답   **1** ⑤   **2** ③   **3** 칼로리를 적게 소비하는 유전자를 가지고 태어난 것   **4** had, left

문제 해설   **1** 유전자에 따라 칼로리의 소모 정도가 달라져 단지 많이 먹는 것이 비만의 원인이 아니라는 것을 알려주고 있으므로 ⑤가
가장 적절하다.
① 유전자가 하는 것
② 운동의 효과
③ 더 많은 칼로리를 소모하는 방법
④ 당신의 약점을 극복하는 방법
⑤ 유전자: 당신의 비만에 숨겨진 요인

2 (A)에서 conduct는 '실시하다'의 의미로, 뒤에 실험의 내용이 나오므로 experiment가 적절하며, (B)에서는 차이를
가져오는 주요한 원인에 대해 설명하고 있으므로 '원인'이라는 의미의 causes가 와야 한다. 마지막으로 But이라는
접속사로 이어지는 문장에서는 '반대'라는 의미의 opposite가 자연스러우므로 정답은 ③이 적절하다.

3 많은 칼로리를 연소하게 하는 유전자를 가지고 태어난 Tim과 반대인 Bill과 같더라도 운동과 식이요법을 통해 약점을
극복할 수 있다고 했으므로 칼로리를 적게 연소하는 유전자를 가지고 태어난 것을 약점으로 볼 수 있다.

4 '완료'의 의미를 나타내는 과거완료: had + 과거분사(p.p.)

본문 해석   Tim은 많이 먹지만 날씬하다. Bill(빌)은 아주 조금밖에 안 먹지만 과체중이다. 왜 그럴까? 한 교수가 이 질문에
답하기 위해서 실험을 했다. 그는 사람들이 칼로리를 어떻게 연소하는지 알고 싶었다. 그는 Tim과 Bill에게
침대에 누워 있으라고 요청했다. 하루 동안, 그 남자들은 아무것도 하지 않으면서 침대에 누워 있었다. 그들은
그저 숨만 쉬고 있었다. 그리고 나서, 교수는 각각의 사람이 연소한 칼로리를 측정했다.
교수는 그 결과에 놀랐다! Tim은 3,015칼로리를 연소했으나, Bill은 겨우 1,067칼로리를 연소했다. 무엇이 그
차이를 만들었을까? 교수에 따르면, 주요 원인들 중 하나는 그들의 유전자였다. Tim은 그의 신체가 많은
칼로리를 연소하게 하는 유전자를 가지고 태어났다. 그러나 Bill은 그 반대였다. 만일 여러분이 Bill과 같더라도,
걱정하지 말아라. 여러분은 운동과 식이 요법을 통해 여러분의 약점을 극복할 수 있다.

Tim eats a lot, / but he is thin. / Bill eats just a little, / but he is overweight. / Why? / A professor conducted
Tim은 많이 먹는다 / 그러나 그는 날씬하다 / Bill은 아주 조금 먹는다 / 그러나 그는 과체중이다 / 왜 그럴까? / 한 교수가 실험을 했다 /

an experiment / to answer this question. / He wanted to know / ❶ how people burn their calories. /
이 질문에 답하기 위해서 / 그는 알기를 원했다 / 사람들이 어떻게 그들의 칼로리를 연소하는지를 /

He asked Tim and Bill / to lie in bed. / For one day, / the men lay in bed / ❷ doing nothing. / They did
그는 Tim과 Bill에게 요청했다 / 침대에 누워 있으라고 / 하루 동안 / 그 남자들은 침대에 누워 있었다 / 아무것도 하지 않으면서 / 그들은 단지 숨만

nothing but breathe. / Then, / ❸ the professor measured the calories / that each person had burned. /
쉬었다 / 그런 다음 / 그 교수는 칼로리를 측정했다 / 각각의 사람이 연소한 /

The professor was surprised / at the results! / Tim had burned 3,015 calories, / while Bill had burned only 1,067
교수는 놀랐다 / 그 결과에! / Tim은 3,015칼로리를 연소했다 / 반면에 Bill은 겨우 1,067칼로리만 연소했다 /

calories. / What caused the difference? / According to the professor, / one of the major causes was their
무엇이 그 차이를 야기했을까? / 그 교수에 따르면 / 주요 원인들 중 하나는 그들의 유전자들이었다 /

genes. / Tim was born with ❹ genes / that make his body burn many calories. / But Bill was the opposite. /
Tim은 유전자를 가지고 태어났다 / 그의 신체가 많은 칼로리를 연소하게 만드는 / 그러나 Bill은 그 반대였다 /

❺ Even if you're like Bill, / don't worry. / You can get over your weakness / through exercise and diet. /
만일 여러분이 Bill과 같더라도 / 걱정하지 말아라 / 여러분은 여러분의 약점을 극복할 수 있다 / 운동과 식이요법을 통해서 /

❶ 간접의문문으로 「의문사 + 주어 + 동사」의 어순으로 쓰였다.

❷ 동시에 일어나는 동작을 나타내는 분사구문으로 '~하면서'라고 해석한다.

❸ the professor measured the calories that each person had burned
　　　　　　　　　　　　　　　　　　　　　　　　목적격 관계대명사절

❹ genes that make his body burn many calories
　　　　　주격 관계대명사절

❺ Even if는 양보의 부사절을 이끄는 접속사로 뒤에 주어, 동사가 이어져 '만약 ~가 …하더라도'의 의미를 나타낸다.

---

33 시험 공부, 어려운 과목을 먼저!　　　　　　　　　　　pp. 106~107

문제 정답　 **1** ③　 **2** ④　 **3** (1) T　(2) F　(3) F　 **4** (1) ⓑ　(2) ⓐ

문제 해설　 **1** 두 번째 단락에서 뇌를 위에 비유하여 설명한 후, 세 번째 단락에서 학습에 대한 설명이 시작되므로, '그것은 당신의 뇌에도 동일하게 적용된다'라는 의미의 주어진 문장은 세 번째 단락의 시작인 ⓒ에 들어가는 것이 가장 적절하다.

　　 2 공부와 음식의 소화를 비유하는 설명이므로, 쉽게 새로운 정보를 받아들일 수 있는 상태는 '배고픈' 상태이며, 받아들인 것이 가득 찼을 때 필요한 시간은 '소화하는' 시간으로 표현할 수 있다.

　　　　　(A)　　　　　　(B)
　　　① 가득 찬　　　　먹다
　　　② 바쁜　　　　　먹다
　　　③ 가득 찬　　　　소화하다
　　　④ 배고픈　　　　소화하다
　　　⑤ 배고픈　　　　기억하다

3 (1) 10~11행 참조

(2) 심리학자들이 더 어려운 과목을 먼저 공부해야 한다고 했다. (5~6행 참조)

(3) 처음 20분 동안이 가장 잘 기억할 수 있는 시간이라서 새로운 정보를 받아들여야 한다고 했다. (14~16행 참조)

4 시간을 나타내는 접속사 as: ~할수록(주로 비교급과 함께 사용), ~할 때

(1) 그녀는 나이가 들수록, 더 현명해졌다.

(2) 내가 저녁 식사를 하고 있을 때, 벨이 울렸다.

본문 해석

당신은 내일 시험이 있다. 공부해야 할 과목이 많다. 당신은 어려운 과목 혹은 쉬운 과목들 중 어느 것을 먼저 공부할 것인가? 당신은 아마 쉬운 과목들로 시작해서 빨리 끝내고 나서 더 어려운 과목들로 옮겨가는 것이 낫다고 생각할지도 모른다.

하지만, 심리학자들은 당신이 더 어려운 과목을 먼저 공부해야 한다고 생각한다. 왜 그럴까? 당신의 뇌는 위와 같다. 당신의 위가 허기를 느끼면, 음식이 쉽게 소화된다. 하지만, 당신의 위가 가득 차면, 더 많은 음식을 위한 자리가 없다. 당신의 위는 다시 비어지고 배고파지도록 휴식이 필요하다.

그것은 당신의 뇌에도 동일하게 적용된다. 공부를 시작할 때, 당신의 뇌는 생기 넘치고 '배가 고픈 상태'이므로, 그것은 새로운 정보를 매우 쉽게 받아들인다. 당신이 공부를 더 할수록, 당신의 뇌는 가득 차서 더 이상 받아들일 수가 없다. 당신의 뇌는 이미 그 안에 들어가 있는 정보를 '소화'할 시간이 필요하다. 심리학자들은 새로운 정보는 공부를 시작한 처음 20분 동안 접해져야 한다고 말하는데, 이때가 우리가 그것을 가장 잘 기억할 수 있는 때이기 때문이다.

그러므로 당신이 다음에 공부를 할 때에는, 어려운 과목들을 먼저 해라. 당신은 아마도 훨씬 더 좋은 결과를 얻을 것이다.

지문 풀이

You have an exam tomorrow. / You have many subjects / to study. / What will you study first, / the hard
당신은 내일 시험이 있다 / 공부해야 할 / 과목이 많다 / 당신은 무엇을 먼저 공부할 것인가 / 어려운 과목

or easy subjects? / You may think / ❶ it's better / to start with the easy subjects, finish them quickly /
혹은 쉬운 과목들 중? / 당신은 생각할 지도 모른다 / ~이 낫다고 / 쉬운 과목들로 시작해서 빨리 끝내는 것 /

and then move to the harder ones. /
그리고 나서 더 어려운 과목들로 옮겨 가는 것 /

However, / psychologists think / that you should study the harder subjects first. / Why? / Your brain is
하지만 / 심리학자들은 생각한다 / 당신이 더 어려운 과목을 먼저 공부해야 한다고 / 왜 그럴까? / 당신의 뇌는 위와 같다 /

like a stomach. / When your stomach is hungry, / food is digested easily. / When your stomach gets full, /
당신의 위가 허기를 느끼면 / 음식이 쉽게 소화된다 / 당신의 위가 가득 차면 /

however, / there is no place / for more food. / ❷ Your stomach needs a break / to get empty and hungry
하지만 / 자리가 없다 / 더 많은 음식을 위한 / 당신의 위는 휴식이 필요하다 / 그것이 다시 비어지고 배고파지도록 /

again. /

It is the same with your brain. / When you start studying, / your brain is fresh and "hungry"
그것은 당신의 뇌에도 동일하게 적용된다 / 당신이 공부를 시작할 때 / 당신의 뇌는 생기 넘치고 '배가 고픈' 상태다 /

so it accepts new information easily. / As you study more, / your brain becomes full, / and it cannot take
따라서 그것은 새로운 정보를 쉽게 받아들인다 / 당신이 공부를 더 할수록 / 당신의 뇌는 가득 차게 된다 / 그래서 그것은 더 이상 받아들일

in any more. / Your brain needs time / to "digest" ❸ the information / that is already in it. /
수 없다 / 당신의 뇌는 시간이 필요하다 / 정보를 '소화'할 / 이미 그 안에 들어가 있는 /

Psychologists say / that new information should be introduced / during the first 20 minutes of studying /
심리학자들은 말한다 / 새로운 정보는 접해져야 한다고 / 공부를 시작한 처음 20분 동안 /

because this is the time we'll remember it best. /
왜냐하면 이때가 우리가 그것을 가장 잘 기억할 수 있기 때문이다 /

So the next time you study, / try the hard subjects first. / You'll probably get ❹ **much better** results. /
그러므로 다음에 당신이 공부를 할 때에는 /   어려운 과목들을 먼저 해라 /   당신은 아마도 훨씬 더 좋은 결과를 얻을 것이다 /

❶ it's better to start with the easy subjects, finish them quickly and then move to the harder ones
   가주어   진주어

❷ Your stomach needs a break to get empty and hungry again.
                              to부정사의 부사적 용법 (목적)

❸ the information that is already in it
                          └─ 주격 관계대명사절

❹ 비교급을 강조하는 부사 much가 쓰여 better을 수식하고 있으며, '훨씬 더 좋은'의 의미를 나타낸다.

REVIEW TEST
p. 108

문제 정답   **1** ②   **2** ①   **3** ②   **4** ①   **5** ③   **6** 그녀는 예쁜 가방이 거의 없어서, 내가 그녀를 위해 하나를 사 줄 것이다.   **7** 그녀가 나이 들수록, 그녀는 그녀의 엄마를 더 닮는다.   **8** had

문제 해설   **1** ①, ③, ④는 반의어 관계이며 ②는 특별한 관계가 없다.
   ① 마른 – 뚱뚱한   ② 취미 – 휴식
   ③ 원인 – 결과   ④ 빈 – 가득 찬

2 influence: ~에 영향을 주다
   그는 가난하지만 행복하다. 돈은 그의 행복에 영향을 주지 않는다.
   ② 보호하다   ③ 받아들이다   ④ ~을 야기하다, 초래하다

3 breathe: 숨 쉬다
   공기가 너무 더러워서 숨을 쉬기가 매우 힘들었다.
   ① 소화하다   ③ 눕다   ④ 차용하다

4 lose face는 '체면을 잃다'의 뜻이다.

5 get over는 '극복하다'의 뜻이며, get results는 '결과를 얻다'라는 뜻이다. 따라서 공통으로 들어가는 단어는 get이다.
   • 나는 학교로 돌아갈 수 있기 전에 내 병을 극복할 필요가 있다.
   • 나는 시험에서 좋은 결과를 얻기 위해 매우 열심히 공부하고 있다.
   ① 가지다   ② 야기하다   ④ 취하다

6 few + 셀 수 있는 명사(복수형): 거의 없는 (부정의 의미)

7 시간을 나타내는 접속사 as: ~할수록

8 '완료'의 의미를 나타내는 과거완료: had + 과거분사(p.p.)
   내가 그를 방문했을 때, 그는 이미 집을 떠났다.

34 훌륭한 스토리텔러가 되는 법

pp. 110~111

문제 정답   **1** ④   **2** ③   **3** ④, ⑤   **4** as if she didn't know me

문제 해설

1 이야기들을 감정으로 채우라는 내용에 이어 청중이 그 감정을 느낄 수 있는 생생한(colorful) 표현을 포함하라는 내용인 ⓒ가 이어진다. ⓔ에서 그 예시를 들고 있으므로, ⓓ '청중을 기분 좋게 하기 위해 가능한 한 많은 색을 사용하라'는 전체 흐름과 관계가 없다.

2 좋은 이야기꾼이 되기 위해 흥미진진하게 이야기하는 법을 설명하고 있으므로 ③이 적절하다.
① 감정을 보이는 것의 필요성
② 흥미로운 이야기를 쓰는 방법
③ 당신의 이야기를 더 흥미롭게 만드는 방법
④ 청중에게 정보를 얻는 방법
⑤ 이야기를 만들 때 상상력을 사용하는 방법

3 첫째로 청중이 그들의 상상력을 이용할 수 있도록 활동 장면을 보여주거나 상세한 내용에 초점을 맞추라고 했고, 둘째로 생생한 표현들을 포함하라고 했으므로 이와 같은 내용을 이야기한 ④, ⑤가 답이 된다.
① 나는 잠을 전혀 자지 못해서 졸렸다.
② 나는 그가 내게 인사하지 않아서 화가 났다.
③ 나는 시험을 통과해서 무척 기뻤다.
④ 내가 그 스테이크를 봤을 때, 내 입에 침이 고였다. (5~7행 참조)
⑤ 공포 영화를 보는 동안, 내 다리는 떨리고 있었다. (13~15행 참조)

4 접속사 as if: ~인 것처럼(= as though)

본문 해석   좋은 이야기꾼들은 어떤 이야기도 흥미로워 보이도록 만들 수 있다. 그들은 당신이 마치 그 이야기 속에 있는 것처럼 느끼게 한다. 그들은 당신이 이야기의 주인공과 같은 느낌과 생각을 경험할 수 있게 한다. 그러면 당신은 어떻게 좋은 이야기꾼이 될 수 있을까?
첫째로, 보여 줘라, 말하지 말아라. 당신은 활동 장면을 통해 이야기를 '보여줌'으로써 그리고, 맛과 소리와 같은 상세한 내용에 초점을 맞춤으로써 이렇게 할 수 있다. 단지 사실과 의견을 말함으로써 이야기를 '말하지' 말아라. 예를 들어 "나는 감기에 걸렸다 (말하다)"라고 말하는 대신 "나는 기침을 했고 콧물이 하루 종일 흘렀다 (보여주다)"라고 말해라. "더웠다 (말하다)"라고 말하는 대신 "태양이 내 피부를 태웠다 (보여 주다)"라고 말해라. 이렇게 함으로써, 당신은 당신의 청중이 그들의 상상력을 이용하고 그들 스스로의 결론에 이르도록 한다.
둘째로, 당신의 이야기를 감정으로 채워라. 당신의 청중도 그런 감정들을 신체적으로 느낄 수 있도록 생생한 표현들을 포함해라. "나는 무서웠다"라고 말하는 대신 "내 털이 목덜미에서 곤두섰다"라고 말해라.

지문 풀이

Good storytellers can make / any story seem interesting. / They can make you feel / as if you are inside the
좋은 이야기꾼들은 만들 수 있다 /   어떤 이야기도 흥미로워 보이도록 /   그들은 당신이 느낄 수 있게 한다 /   마치 당신이 이야기 속에 있는 것처럼 /
story. / They can make you experience / the same feelings and thoughts / as the story's characters. / So how
그들은 당신이 경험할 수 있게 한다 /   같은 느낌과 생각을 /   이야기의 주인공과 /   그러면

can you become a good storyteller?
당신이 어떻게 좋은 이야기꾼이 될 수 있을까?

First, / *show, don't tell.* / You can do this / ❶ **by "showing" the story** / **through action scenes** / **and focusing**
첫째로 / 보여 줘라, 말하지 말아라 / 당신은 이렇게 할 수 있다 / 이야기를 '보여줌'으로써 / 활동 장면을 통해 / 그리고 상세한 내용에

on details / such as smells and sounds. / Don't "tell" the story / just by stating facts and opinions. /
초점을 맞춤으로써 / 맛과 소리와 같은 / 이야기를 '말하지' 말아라 / 단지 사실과 의견을 말함으로써 /

For example, / instead of saying "I had a cold (*tell*)," / say "I was coughing and my nose was running all
예를 들어 / "나는 감기에 걸렸다 (말하다)"라고 말하는 대신 / "나는 기침을 했고 콧물이 하루 종일 흘렀다 (보여 주다)"라고 말해라 /

day (*show*)." / Instead of saying "It was hot (*tell*)," / say "The sun burned my skin (*show*)." / By doing
"더웠다 (말하다)"라고 말하는 대신 / "태양이 내 피부를 태웠다 (보여 주다)"라고 말해라 / 이렇게 함으로써

this, / ❷ **you lead your audience** / **to use their imaginations** / **and come to their own conclusions.**
당신은 당신의 청중이 ~하게 한다 / 그들의 상상력을 이용하게 / 그리고 그들 스스로의 결론에 이르게 /

Second, / fill your stories with emotions. / Include colorful descriptions / ❸ **so that your audience can**
둘째로 / 당신의 이야기를 감정으로 채워라 / 생생한 표현들을 포함해라 / 당신의 청중도 신체적으로 그런 감정들을

physically feel those emotions too. / Instead of saying "I was scared," / say "the hair stood up on the back
느낄 수 있도록 / "나는 무서웠다"라고 말하는 대신 / "내 털이 목덜미에서 곤두섰다"라고 말해라 /

of my neck."

❶ by "showing" the story through action scenes and focusing on details

전치사 by의 목적어인 showing과 focusing이 and로 연결된 병렬구조이다.

❷ you lead your audience to use their imaginations and come to their own conclusions

「lead ~ to ...」는 '~가 …하도록 하다'의 뜻이며, 목적어 your audience와 연결되는 목적격 보어 to use their imaginations와
(to) come to their own conclusions가 and로 연결되어 있다.

❸ 「so that ~ can ...」은 '~가 …할 수 있도록'으로 해석한다.

---

35 도도새는 왜 사라졌을까?   pp. 112~113

문제 정답 **1** ⑤   **2** (1) T (2) F (3) T   **3** (A) afraid (B) stupid   **4** my best friend

문제 해설 **1** 모리셔스 섬의 도도새가 포르투갈 선원들에 의해 멸종된 이유와 과정을 소개한 글이므로, 글의 제목으로 ⑤가 가장
적절하다.
　　① 선원들의 잔인한 사냥　　　　　　　　　② 도도새: 낙원의 멍청한 새
　　③ 새 고기를 좋아했던 선원들　　　　　　④ 왜 도도새가 선원들을 환영했는가
　　⑤ 모든 도도새가 사라진 이유

　2 (1) 1～2행 참조
　　(2) 2～3행에서 도도새는 뛰거나 날지 못했다고 했다.
　　(3) 4～5행 참조

　3 5～9행 참조
　　그 새들은 이전에 사람들을 만난 적이 없었기 때문에 선원들을 (A) 두려워하지 않았다. 따라서, 그 새들은
　　포르투갈어로 (B) '멍청한'을 의미하는 도도(dodo)라는 이름을 갖게 되었다.

　4 콤마(,)를 이용한 동격 표현: 명사를 보충 설명할 때 뒤에 콤마(,)를 찍고 부가 설명을 덧붙인다.

1598년에 포르투갈 선원들이 인도양에 있는 모리셔스라는 섬에 도착했다. 선원들은 작은 날개를 가진 커다란 새들을 보았다. 그 새들은 뛰거나 날 수 없었다. 그들은 어떤 천적도 가지고 있지 않았기 때문에 아마도 그렇게 할 필요가 없었을 것이다. 그들은 단지 땅 위에 떨어진 과일과 견과를 먹었다. 그들은 인간을 본 적이 없었기 때문에, 선원들이 그들의 적이 될 수 있다는 것을 알지 못했고, 그래서 그들을 두려워하지 않았다. 선원들은 이것을 이해하지 못했고, 새들이 어리석다고 생각했다. 이것이 그들이 그 새들을 '도도'라고 부른 이유로, 그것은 포르투갈어로 '바보'를 의미한다. 선원들은 고기를 얻기 위해 그 새들을 사냥했다. 더 많은 배들이 도착했고, 사냥은 계속되었다. 1681년 무렵, 지구상에서 마지막 도도새마저 사라졌다. 한때 도도새들의 서식지였던 모리셔스 섬은 이제는 '어리석게도' 선원들을 환영했던 그 온순한 새들을 위한 무덤이다.

지문 풀이

In 1598, / Portuguese sailors arrived / at ❶ **the island of Mauritius** / in the Indian Ocean. / The sailors
1598년에 / 포르투갈의 선원들이 도착했다 / 모리셔스 섬에 / 인도양에 있는 / 선원들은 커다란

saw big birds / with small wings. / The birds couldn't run or fly. / They probably did not need to do so /
새들을 보았다 / 작은 날개를 가진 / 그 새들은 뛰거나 날 수 없었다 / 그들은 아마도 그렇게 할 필요가 없었을 것이다 /

because they didn't have any natural enemies. / They just fed on fruits and nuts / that fell on the
그들은 어떤 천적도 가지고 있지 않았기 때문이다 / 그들은 단지 과일과 견과를 먹었다 / 땅 위에 떨어진 /

ground. / ❷ **Since they had never seen humans,** / they didn't know / that the sailors could be enemies, /
그들은 인간을 본 적이 없었기 때문에 / 그들은 알지 못했다 / 선원들이 그들의 적이 될 수 있다는 것을 /

so they weren't afraid of them. / The sailors didn't understand this / and thought the birds were
그래서 도도새는 그들을 두려워하지 않았다 / 선원들은 이것을 이해하지 못했다 / 그리고 새들이 어리석다고 생각했다 /

stupid. / ❸ **This is why they called the birds "dodo,"** / ❹ **which means "stupid" in Portuguese.** / The sailors
이것이 그들이 그 새들을 '도도'라고 불렀던 이유이다 / 그것은 포르투갈어로 '바보'를 뜻한다 / 선원들은 그 새들을

hunted the birds / for meat. / More ships arrived, / and the hunting continued. / By 1681, / ❺ **the last dodo**
사냥했다 / 고기를 얻기 위해 / 더 많은 배들이 도착했다 / 그리고 사냥은 계속되었다 / 1681년 무렵 / 마지막 도도새가

had disappeared / **from the world.** / Mauritius, / once home to the dodo, / is now a graveyard for the gentle
사라졌다 / 세상으로부터 / 모리셔스 섬은 / 한때 도도새들의 서식지였던 / 이제 그 온순한 새들을 위한 무덤이다 /

birds / that "stupidly" welcomed the sailors. /
'어리석게도' 선원들을 환영했던 /

❶ the island of Mauritius: 「명사 + of + 명사」의 형태로, of 뒤에서 앞 명사를 부연 설명한다.
= ────── 동격

❷ 접속사 since는 '~하기 때문에'의 의미로 쓰였으며, 이어지는 과거완료 시제는 경험을 나타낸다.

❸ This is (the reason) why they called the birds "dodo,"
　　　　　　　　　　관계부사　　 call + 목적어 + 목적격 보어: ~을 …라고 부르다

❹ ,which means "stupid" in Portuguese
which는 관계대명사의 계속적 용법으로 쓰였으며 and it으로 바꿔 쓸 수 있다.

❺ 과거완료 시제로 결과를 나타내며, 사라져서 더 이상 존재하지 않음을 나타낸다.

---

36 아인슈타인 뇌를 몰래 훔친 과학자　　　　　　　　　　　　pp. 114~115

문제 정답 　**1** ②　　**2** ⑤　　**3** (A) abnormal　(B) more　(C) larger

1 아인슈타인의 뇌를 훔쳐 연구한 Thomas Harvey와 다른 과학자들의 아인슈타인의 뇌에 관한 연구 내용을 다루고 있으므로 ②가 적절하다.

① 아인슈타인은 어떻게 살았고 죽었는가　　　② 아인슈타인 뇌에 대한 특이한 연구
③ 아인슈타인과 함께 일했던 과학자　　　④ IQ와 뇌 사이의 관계
⑤ 아인슈타인의 노력과 성취

2 ① 그는 아인슈타인의 뇌에 대해 몹시 흥미를 가지고 있었다. (6～7행 참조)
② 결국, 그는 아인슈타인의 뇌를 다른 과학자들에게 넘겨주었다. (11～12행 참조)
③ 그는 아인슈타인의 죽음 후에 그의 시체를 검사하도록 요청 받았다. (5～6행 참조)
④ 그는 여러 해 동안 아인슈타인의 뇌에 대해 연구를 비밀로 했다. (11행 참조)
⑤ 그는 아인슈타인의 뇌를 그의 가족의 허락을 받은 후에 제거했다. (7～9행 참조)

3 12～16행 참조
아인슈타인의 뇌는 수학적 기술과 상상력을 관장하는 부분에 있어 (A) 비정상적이었다. 그것은 대부분의 사람들의 뇌보다 (B) 더 많은 주름을 가지고 있었고, (C) 더 컸다.

아인슈타인의 뇌는 보통 사람들의 것과 어떻게 다를까? 만일 당신이 스스로에게 이 질문을 한 적이 있다면, 당신만 그런 것이 아니다. 그것에 대답하기 위해, 한 의사가 무시무시한 일을 했다.

1955년 4월 18일, 아인슈타인은 Princeton(프린스턴) 병원에서 심장병으로 죽었다. 그는 76세였다. 직후에, Thomas Harvey(토마스 하비)라는 이름의 의사가 그의 시체를 검사하기 위해 호출되었다. 하지만 Harvey는 아인슈타인의 뇌에 대해 매우 궁금했고 끔찍한 일을 했다. 그는 자신의 연구를 위해 아인슈타인의 뇌를 은밀히 떼어냈다. 그가 한 일을 아인슈타인의 가족들이 알게 되었을 때 그들은 항의했다. 결국, Harvey는 가까스로 아인슈타인 아들의 승인을 얻어냈다.

Harvey는 여러 해 동안 혼자 연구를 했다. 그러나, 그는 마침내 그 뇌를 과학자들에게 넘겨줬다. 조사를 하자마자, 그들은 수학적 기술과 상상력을 담당하는 아인슈타인 뇌의 부분에서 특이한 것을 발견했다. 그것은 대부분의 사람들의 뇌보다 더 많은 주름을 가지고 있었고 대략 15% 더 컸다. 아인슈타인 뇌에 있었던 그 이상함이 그를 위대한 과학자로 만들었을까? 아무도 모른다.

How different is Einstein's brain / from that of a normal person? / If you have ever asked yourself this
아인슈타인의 뇌는 어떻게 다를까 /　　　보통 사람들의 것과? /　　　만일 당신이 스스로에게 이 질문을 한 적이 있다면 /

question, / you are not alone. / To answer it, / ❶ **a doctor did something scary.** /
　　　당신만 그런 것이 아니다 /　　그것에 대답하기 위해 /　　한 의사가 무시무시한 일을 했다 /

On April 18, 1955, / Einstein died at Princeton Hospital / from heart disease. / He was 76. / Immediately
1955년 4월 18일 /　　아인슈타인은 Princeton 병원에서 죽었다 /　　심장병으로 /　　그는 76세였다 /　　직후에 /

after, / a doctor named Thomas Harvey / was called / to examine his body. / But Harvey was very curious /
　　Thomas Harvey라는 이름의 의사가 /　호출되었다 /　그의 시체를 검사하기 위해 /　하지만 Harvey는 매우 궁금했다 /

about Einstein's brain / and ❷ **did something terrible.** / He secretly removed Einstein's brain / for his own
아인슈타인의 뇌에 대해 /　　그래서 끔찍한 일을 했다 /　　그는 은밀히 아인슈타인의 뇌를 떼어냈다 /　　그 자신의 연구를

research. / When Einstein's family realized / ❸ **what he did,** / they protested. / In the end, / Harvey managed
위해 /　　아인슈타인의 가족들이 알게 되었을 때 /　　그가 한 일을 /　　그들은 항의했다 /　　결국 /　　Harvey는 가까스로

to get the approval of Einstein's son. /
아인슈타인 아들의 승인을 얻어냈다 /

Harvey conducted his research alone / for many years. / However, / he eventually handed the brain over to
Harvey는 혼자 연구를 했다 /　　여러 해 동안 /　　그러나 /　　그는 마침내 그 뇌를 과학자들에게 넘겨줬다 /

scientists. / Upon examination, / they ❹ **found something unusual** / in ❺ **the part of Einstein's brain** /
조사를 하자마자 /　　그들은 특이한 것을 발견했다 /　　아인슈타인의 뇌의 부분에서 /

that is responsible for mathematical skills and imagination. / It had more wrinkles / and was about 15%
수학적 기술과 상상력을 담당하는 / 그것은 더 많은 주름을 가지고 있었다 / 그리고 대략 15% 더 컸다 /

larger / than the brains of most people. / Did the abnormality / in Einstein's brain / make him a great
대부분의 사람들의 뇌보다 / 그 이상함이 / 아인슈타인 뇌에 있었던 / 그를 위대한 과학자로

scientist? / ❻ **Nobody knows.** /
만들었을까? / 아무도 모른다 /

❶, ❷, ❹ a doctor did something scary
　　　　　　　　　└─── -ing 후치 수식

did something terrible
└─── -ing 후치 수식

found something unusual
└─── -ing 후치 수식

❸ what은 선행사를 포함하는 관계대명사로 the thing which로 바꿔 쓸 수 있으며, '~한 것'으로 해석한다.

❺ the part of Einstein's brain that is responsible for mathematical skills and imagination
　　　　　　　　　　　　　└──────────── 주격 관계대명사 절

❻ Nobody는 '아무도 ~않다'의 뜻으로 전체 부정을 의미한다.

REVIEW TEST

p. 116

문제 정답　**1** ④　**2** ②　**3** remove　**4** include　**5** conduct　**6** as if　**7** nodded their heads as if they knew the fact　**8** Mr. Brown, a teacher and musician, will give a concert

문제 해설　**1** stupid: 멍청한
만일 내가 같은 실수를 다시 한다면, 나는 멍청하다.
① 기분이 좋은, 명랑한　② 보통의, 평범한　③ 무서운, 겁나는

2 secretly: 은밀히, 비밀로
그는 아주 은밀히 마을을 떠나서 아무도 그가 떠났는지 몰랐다.
① 결국　③ 아마도　④ 신체적으로

3 remove: 제거하다, ~을 떼어내다
셔츠에 있는 얼룩을 제거해 주세요.

4 include: 포함하다
그녀의 새 앨범은 열 곡을 포함할 것이다.

5 conduct: 하다, 행하다
그 과학자들은 그 연구를 위해 많은 실험을 할 것이다.

6 접속사 as if: ~인 것처럼(= as though)
그녀는 원어민인 것처럼 영어를 말한다.

7 접속사 as if: ~인 것처럼(= as though)

8 명사를 보충 설명하는 동격 표현에서는 뒤에 콤마(,)를 찍고 부가 설명을 덧붙인다.

WORKBOOK

UNIT 01

Word Practice
p. 02

A | 1 조절하다 2 상황, 환경 3 열기, 더위
4 시청자 5 하룻밤 사이에 6 엇갈리는, 뒤섞인
7 콘텐츠; 내용 8 유대감; 교제; 연결
9 자막 10 ~을 포함하여 11 화장
12 음량, 볼륨 13 전시간 근무의 일 14 밤낮
15 ~에 실증이 나다 16 잠버릇 17 똑같이 느끼다
18 악보 19 ~ 때문에 20 체온

B | 1 audience 2 replace 3 period
4 create 5 technique 6 response
7 tip 8 success 9 emotional
10 comment 11 similar 12 follow
13 prefer 14 sharing 15 make a living
16 slow down 17 spend A on B 18 come true
19 give a performance 20 pay attention to

01 로봇의 피아노 연주회
p. 03

1 로봇들은 많은 인간의 직업들을 차지하기 시작했다.
2 이런 걱정은 실현되고 있을지도 모른다.
3 그는 악보를 보지 않고 800개 곡을 연주할 수 있다.
4 Teo은 음량과 속도 조절을 포함한 약 100개의 피아노 기술을 배워 왔고 모든 음을 정확하게 연주한다.
5 2016년 5월 Teo가 한국을 방문했을 때, 그는 놀라운 공연을 했다.
6 반응들은 엇갈렸다. 일부는 그것을 즐겼고, 또 다른 일부는 그렇지 않았다.
7 그것을 즐기지 않은 사람들은 말했다. "우리는 로봇들에게 정서적인 유대감을 느낄 수 없습니다."

02 밥 먹고 졸린 데는 이유가 있다!
p. 04

1 많은 사람들이 점심 식사 후에 똑같이 느낀다.
2 그들은 점심을 먹은 것이 그들을 졸리게 만든다고 생각할 수 있다.
3 여름에, 그들은 그것이 더위 때문이라고 생각할 수 있다.
4 이른 오후 당신의 체온은 낮아진다.
5 이것이 당신을 느려지고 졸리게 만든다.
6 과학자들은 밤낮이 없는 상황에서 수면 습관을 시험했다.

03 유튜브 스타 되는 법
p. 05

1 어떤 사람들은 그것을 생계를 꾸리기 위한 방법으로 사용한다.
2 만일 당신의 꿈이 유튜버가 되는 것이라면 여기 몇 가지 조언이 있다.
3 만일 당신이 당신의 주제를 아주 좋아한다면, 당신은 그것에 대해 많은 에너지를 쓰고 난 이후에도 그것에 실증나지 않을 것이다.

4 시청자들은 보통 그들이 동영상을 좋아하는지 아닌지를 일분 내에 결정한다.
5 당신의 동영상들은 이해하기 쉬워야 한다.
6 그리고 시청자들의 의견에 주목해라.
7 그러면 당신은 그들이 좋아하는 것을 알 수 있고 당신의 동영상을 더 낫게 만들 수 있다.

UNIT 02

Word Practice
p. 06

A | 1 다르다 2 생각, 사고 3 ~하려고 생각하다
4 주제; 과목 5 존중하다 6 흔들다; 파도, 물결
7 (~에 대해) 서로 토론하다 8 오락(물)
9 나타내다, 표시하다 10 (과학) 기술 11 활발히
12 결말 13 영화 14 추론, 추리
15 관점, 시각 16 상호적 관계
17 ~을 알다, ~을 알아차리다
18 ~가 …할 수 있게 하다 19 ~을 알게 되다
20 두고[기다려] 보다

B | 1 interact 2 work 3 environment
4 quality 5 persuade 6 quiet
7 choice 8 opinion 9 various
10 relax 11 method 12 character
13 explain 14 experience 15 vary
16 recently 17 each other 18 hang out with
19 depending on 20 have control over

04 유대식 토론 학습법, 하브루타
p. 07

1 이스라엘에서 이 방법은 히브리어로 '우정'을 의미하는 'havruta (하브루타)'라고 불린다.
2 그들은 서로에게 질문하고 주제들에 대해 활발히 토론한다.
3 한 사람이 어떤 것을 이해했을 때, 그나 그녀는 그것을 나머지 한 사람에게 설명한다.
4 그들의 의견이 다를 때, 그들은 그들 자신의 생각들과 추론을 제시함으로써 그들의 파트너를 설득하려고 노력한다.
5 이런 방법으로, 학생들은 다양한 관점들을 알고 그들의 주제를 더욱 깊이 이해하게 된다.
6 그것이 모든 사람에게 효과가 있지 않을 수 있지만, 하브루타를 이용하는 사람들은 그것을 즐기는 것처럼 보인다.

05 영화의 엔딩을 내 마음대로!
p. 08

1 하지만 새로운 기술이 우리가 영화를 감상하는 방법을 바꾸고 있다.
2 이제 우리는 우리가 보는 것과 상호작용을 할 수 있다.
3 관객들의 선택에 따라, 영화의 결말은 행복하거나 슬플 수 있다.
4 그들은 심지어 등장인물들이 아침 식사로 어떤 음식을 먹을지 또는 그들이 어디로 갈 것인지를 결정할 수 있다.
5 2018년에 유명한 인터넷 연예 회사인 넷플릭스는 관객들이 이러한 특별한 경험을 갖게 하는 영화를 만들었다.
6 이런 식으로, 관객들은 그들이 보는 것에 대해 이제 더 많이 제어한다.

06 사랑과 우정, 과연 선택은?

p. 09

1 최근 저는 학교에서 친절하고, 재미있고, 멋진 한 소년을 만났어요.
2 그는 제가 남자친구에게 원했던 모든 자질을 가지고 있고 저는 그와 사랑에 빠진 것 같아요.
3 저는 만일 제가 그와 시간을 보내면 제 친구가 저를 미워할까 봐 걱정이에요.
4 하지만 당신의 우정도 중요하다는 것을 그녀가 알게 하세요.
5 그러나 이것은 상호적 관계예요.
6 만약 그녀가 당신에게 솔직해서 그녀 또한 그에게 데이트 신청을 할 계획이라고 말한다면, 당신은 그녀의 바람을 존중해야 해요.
7 조만간, 당신은 어떻게 해야 할지 알게 될 거예요.

UNIT 03

Word Practice

p. 10

A | 1 평등한　　2 예측하다　　3 인구
4 퍼지다　　5 자연스러운　　6 천재
7 생강　　8 연속, 일련　　9 국적
10 ~을 일으키다　　11 (순위를) 차지하다　　12 잘게 썬, 다진
13 치료법　　14 정확하게
15 ~을 공통으로 가지고 있다　　16 혈액 순환
17 급히 서두르는　　18 감기에 걸리다
19 그게 바로 ~인 이유이다　　20 목욕하다

B | 1 heat　　2 international　　3 strange
4 improve　　5 race　　6 expression
7 talent　　8 mix　　9 active
10 complete　　11 common　　12 background
13 onion　　14 intelligence　　15 language
16 well-known for　　17 participate in　　18 for sure
19 native speaker　　20 Why not ~?

07 단어들도 짝이 있다

p. 11

1 사람들은 급히 서두를 때 핫도그와 햄버거 같은 음식을 먹는다.
2 당신이 'fast food'를 선택했다면 맞다.
3 'fast food'라는 표현은 자연스럽게 보이지만, 'quick food'는 원어민들에게 이상하게 들린다.
4 아무도 정말로 확실히 알지 못한다.
5 그것은 단지 원어민들이 그것을 말하는 방법이다.
6 연어를 배우는 것은 당신이 더 빨리 읽는 데 도움이 될 것이다.
7 연어는 당신이 어떤 단어들이 다른 단어들 앞이나 뒤에 오는지를 예측하게 한다.

08 감기 뚝! 세계의 감기 민간요법

p. 12

1 미국인은 감기에 걸렸을 때, 오렌지 주스를 많이 마신다.
2 그런 다음 그들은 뜨거운 물로 목욕을 하고 잠을 자려고 노력한다.
3 그것은 우유와 잘게 썬 양파를 함께 섞고 약 20분 정도 끓여서 만들어진다.

4 그들은 뜨거운 양파 우유가 혈액 순환을 개선하고 몸을 따뜻하게 만든다고 믿는다.
5 위의 예들에서 알 수 있듯이, 감기의 가장 흔한 치료법은 몸을 따뜻하게 유지하는 것이다.
6 그것은 감기를 일으키는 바이러스가 열에 약하기 때문이다.
7 그게 바로 겨울에 감기가 더 쉽게 퍼지는 이유이다.

09 천재들의 모임, 멘사

p. 13

1 그렇다면, 당신은 멘사에 가입할 수도 있다!
2 멘사라는 이름은 '탁자'에 해당하는 라틴어 단어에서 유래했다.
3 탁자 주위에는 누구도 다른 사람들보다 높거나 낮게 앉지 않는다 — 모든 사람이 평등하다.
4 대한민국에는 2,400명의 회원이 있는데, 그것은 세계 8위이다.
5 회원들은 단 한 가지 공통점 만이 있을 뿐이다: 높은 지능이다.
6 회원들은 다른 천재들과 말하고 생각을 공유하는 기회를 갖는다.
7 만약 당신이 가입하는 데에 관심이 있다면, 오늘 멘사 웹사이트에 방문하는 것이 어떤가?

UNIT 04

Word Practice

p. 14

A | 1 장난, 속임수　　2 사람의 마음을 끄는 것, 매력　　3 즉시
4 방법　　5 주차하다; 공원　　6 화살
7 비어 있는, 빈　　8 숲　　9 판매, 세일
10 되받아, 대응하여　　11 남은　　12 겁먹다
13 막 ~하려고 하다　　14 없어지다　　15 ~을 가리다
16 즉각, 즉시　　17 법을 어기다

B | 1 chase　　2 area　　3 point
4 disappear　　5 mythology　　6 shout
7 illegal　　8 playful　　9 seller
10 fine　　11 sign　　12 goods(product)
13 be responsible for　　14 familiar with
15 tell a lie　　16 right away　　17 make fun of

10 Fine에 이런 뜻이!

p. 15

1 그녀는 그 지역에 익숙하지 않아서 길가에 차를 주차했다.
2 그런 다음 그녀는 물건을 사기 위해 상점 안으로 들어갔다.
3 그녀가 나왔을 때, 그녀는 자신의 차 옆에 서 있는 경찰관을 발견하고 놀랐다.
4 당신은 벌금 20달러를 내야 할 겁니다.
5 그는 그들이 서 있는 곳 근처에 있는 표지판을 가리키면서 물었다.
6 그것이 내가 여기에 주차를 한 이유예요!

11 로미오와 줄리엣 효과

p. 16

1 그러나 당신은 로미오가 줄리엣을 위해 죽었을 때, 그가 그녀를 안 지 겨우 5일 밖에 안 되었다는 사실을 알고 있었는가?
2 한 과학자는 로미오와 줄리엣의 부모들이 그들의 사랑을 막으려고 했기 때문에 그들은 서로에게 훨씬 더 큰 매력을 느꼈다고 말한다!

3 우리가 갖고 싶어하는 무엇인가가 막 사라지려고 할 때, 우리는 그것이 더 갖고 싶다고 느낀다.

4 많은 사람들은 제품을 팔기 위해서 이러한 '로미오와 줄리엣의 방법'을 이용한다.

5 당신은 판매자들이 구매자들에게 "3일밖에 안 남았어요! 다 떨어지기 전에 사세요!"라고 소리치고 있는 것을 볼 수 있다.

6 구매자들은 나중에 그것을 살 수 없을까 봐 두려워서 바로 산다.

12 사랑의 신, 에로스의 두 화살
p. 17

1 당신은 당신의 사랑을 돌려주지 않는 누군가를 사랑해 본 적이 있는가?

2 그것은 사랑을 주관하는 신의 장난때문일 수도 있다.

3 화살 중 하나는 금으로 된 화살촉을 가지고 있는데, 당신이 화살에 맞으면 당신을 사랑에 빠지게 만든다.

4 또 다른 하나는 납으로 된 화살촉을 가지고 있는데, 그것은 당신이 달아나게 한다.

5 가끔 Eros는 그의 화살로 장난을 쳤다.

6 어느날, Eros는 Apollo(아폴로) 신을 놀리기로 결심했다.

7 그가 그녀에게 가까이 갈 때마다, 그녀는 달아났다.

8 그것은 당신 책임이 아닐지도 모른다.

UNIT 05

Word Practice
p. 18

A | **1** 능력 **2** 경관, 전망 **3** 풀다
4 위험한 **5** 화면 **6** 비슷하게
7 암컷, 여성(인) **8** 비서 **9** 상상하다
10 ~에도 불구하고 **11** 간단히 **12** 빨대
13 우주선 **14** ~라고 가정해 보자
15 사람, 인간 **16** 다치다
17 ~으로 바뀌다, 변하다 **18** ~안에 들어가다
19 침낭 **20** 빨리 ~하고 싶다[~하는 것이 기대된다]

B | **1** float **2** half **3** planet
4 sex **5** explain **6** tiny
7 instruction[direction] **8** mate
9 astronaut **10** particular **11** male
12 everywhere **13** sender **14** unfortunately
15 safety belt **16** prevent A from B
17 a series of **18** far away
19 translate A into B **20** protect A from B

13 성별을 바꿀 수 있는 물고기
p. 19

1 암컷이 수컷으로 바뀔 수 있을까?

2 하지만 고비와 같은 어떤 물고기는 성별을 바꾸는 능력을 가지고 있다.

3 큰 물고기들로부터 그들을 보호해 주기 때문에 산호는 이 작은 물고기들에게 완벽한 장소이다.

4 그러므로, 심지어 그들이 짝짓기를 위해 짝을 찾아야 할 때조차, 고비물고기들은 집으로부터 아주 멀리 가지 않는다.

5 그렇다면 산호에 오직 암컷 고비물고기들만 살고 있을 경우에는 어떻게 될까?

6 그런 경우에는, 물고기의 반 정도는 간단히 그들의 성별을 암컷에서 수컷으로 바꿀 수 있다.

7 그리고 흥미롭게도, 고비물고기가 성별을 바꾸는 것은 오직 30일 정도밖에 걸리지 않는다.

8 이 얼마나 놀라운 능력인가!

14 우주 비행사들의 일상생활
p. 20

1 우주선에서의 삶은 지구에서의 삶과 상당히 다르고 어려울 수 있다.

2 우주 비행사들에게 가장 큰 어려움은 중력 없이 사는 것인데, 모든 것이 떠다니기 때문이다.

3 이것이 우주 비행사들이 빨대를 써야만 하는 이유를 설명한다.

4 비슷하게, 우주 비행사들은 자기 위해서 침낭에 들어가 안전벨트를 매야만 한다.

5 이것이 그들이 자는 동안 떠다니는 것과 다치는 것을 막는다.

6 이러한 어려움들에도 불구하고, 대부분의 우주 비행사들은 빨리 우주로 돌아가고 싶다고 말한다

7 거의 누구도 볼 수 없는 행성들과 별들의 경관을 보는 것이 얼마나 놀라울 것이 틀림없을지 상상해 보아라.

8 그것은 그 모든 고생을 할 가치가 있음에 틀림없다.

15 알고리즘과 코딩
p. 21

1 컴퓨터 프로그래밍은 컴퓨터에게 그들이 해야 하는 것에 대해 명령하는 한 방법이다.

2 예를 들어, 당신이 당신의 선생님으로부터 이메일이 도착했을 때 당신이 알도록 하는 '비서' 프로그램을 만들기를 원한다고 가정해 보자.

3 알고리즘은 특정한 문제를 풀기 위해 필요한 일련의 단계이다.

4 유감스럽게도, 컴퓨터는 사람만큼 똑똑하지 않아서, 당신은 그것에게 상세한 지시를 해야 한다.

5 5분마다 메일함을 확인한다.

6 만일 새로운 메일이 있다면, 보낸 사람이 내 선생님인지를 확인해 본다.

7 컴퓨터는 영어나 한국어를 이해할 수 없기 때문에, 당신은 그것을 C⁺⁺, python 또는 Java와 같은 프로그래밍 언어로 번역해야 한다.

8 이 번역 작업은 코딩이라 불린다.

UNIT 06

Word Practice
p. 22

A | **1** 우정 **2** 포함하다 **3** 성장
4 정보, 자료 **5** 기도하다, 빌다 **6** 내용
7 여신 **8** 믿음, 신뢰 **9** 조각가
10 인용하다 **11** 성과, 실적 **12** 행하다, 수행하다
13 효과; 영향 **14** 도덕적으로 **15** 자신감, 자신
16 ~에서 눈을 떼지 못하다 **17** A뿐만 아니라 B도
18 요즘에는 **19** 적어도, 최소한
20 저작권법을 어기다, 위반하다

B | 1 conversation   2 huge   3 reflect
4 paste   5 actually   6 steal
7 teenager   8 source   9 provide
10 admire   11 avoid   12 statue
13 original   14 relationship   15 bottom
16 expectation   17 in addition   18 interact with
19 come to life   20 hang out

16 인터넷 자료 제대로 쓰기
p. 23

1 요즘, 학생들은 그들의 숙제를 하는 데 많은 시간을 쓰지 않는다.
2 그러나, 이것은 다른 사람들의 저작물을 훔치는 것이 도덕적으로 잘못된 것이며 저작권법도 위반할 수 있으므로 엄청난 문제다.
3 한 가지 방법은 다른 말로 표현하기 즉 원래 내용을 다시 쓰다.
4 당신은 당신 자신의 말로 쓰고 또한 당신 자신의 생각을 포함하도록 노력해야 한다.
5 적어도 당신 글의 3분의 2가 당신 자신의 생각에 근거해야 한다.
6 또한, 당신이 다른 누군가의 생각을 사용하거나 그들의 글을 인용할 때마다, 당신은 반드시 당신의 리포트 하단에 출처를 언급하거나 써야 한다.
7 그런 식으로 당신은 저작권법을 어기는 것을 피할 뿐만 아니라 실제로 무엇인가를 배울 수 있다.

17 십 대들의 우정
p. 24

1 십 대들 사이의 우정은 아이들 사이의 우정과 다르다.
2 우선 첫째로, 십 대들은 놀지 않고 함께 시간을 보낸다.
3 그것은 활동을 즐기고, 장소들을 방문하고 다른 사람들을 함께 만나는 것을 의미할 수 있다.
4 즉, 그들의 우정은 친구들과 함께 노는 것에서부터 함께 어울리고 얘기하는 것으로 변화한다.
5 이 변화는 사고 능력에 있어서 십 대들의 성장을 나타낸다.
6 그들의 미래에 대한 약간의 대화들이 있지만 그들의 우정, 학교 생활, 그들의 문제들 그리고 그들이 동경하거나 상호작용하는 다른 사람들과 같은 주제들에 대해 훨씬 더 많은 대화들이 있다.

18 믿으면 이루어진다! 피그말리온 효과
p. 25

1 그는 그 아름다운 조각품을 Galatea(갈라테아)라고 이름 붙였다.
2 그녀는 너무 사랑스러워서 그는 그녀에게서 눈을 뗄 수가 없었다.
3 그녀는 살아있는 여인이 아니었고 단지 돌과 상아로 만들어진 딱딱하고 차가운 조각상에 불과했다.
4 그 조각상이 살아났다.
5 오늘날, 피그말리온이라는 이름은 종종 학생의 성과에 대한 선생님의 기대 효과에 대해 말하기 위해 사용된다.
6 예를 들어, 만약 선생님이 학생의 능력이 신장될 것이라고 기대하면, 그 학생의 자신감은 높아질 것이고, 그 혹은 그녀는 더 잘 수행할 것이다.
7 만일 당신이 사람들이 변하기를 원한다면, 그들에 대한 당신의 신뢰를 보여라.
8 그러면, 그들은 변화하기 시작하고 당신의 기대를 충족시킬 수 있을 것이다.

UNIT 07

Word Practice
p. 26

A | 1 피해   2 물체   3 무서운
4 삭제하다, 없애다   5 공격   6 비결, 비법
7 장면   8 틀린, 옳지 않은   9 강력한
10 심각한   11 고속의   12 남아 있는
13 밑줄을 치다   14 핵심적인, 가장 중요한
15 방향, 향로   16 감사의 표시로   17 반복해서
18 홀로, 혼자   19 시험을 잘 보다
20 ~하는 것을 잊지 않다

B | 1 discover   2 various   3 leave
4 contain   5 attention   6 destroy
7 select   8 observe   9 absolute
10 lead   11 certain   12 possibility
13 for the first time   14 science fiction   15 take out
16 return a favor   17 pay attention to   18 make a fire
19 cross out   20 on one's way to

19 객관식 시험 만점 받는 비결
p. 27

1 객관식 시험을 잘 볼 수 있는 가장 좋은 방법은 무엇일까?
2 문제들이 흔히 중요한 정보를 담고 있으므로 문제들을 반복해서 읽어라.
3 틀린 답들은 선을 그어 지워라.
4 만일 당신이 몇몇 답들이 틀리다고 확신한다면, 그들을 지우고 남아있는 답들에 집중해라.
5 이것은 시간을 절약하고 옳은 답을 고르는 더 나은 가능성을 줄 것이다.
6 만일 답에 '모든', '결코 아닌', '항상' 또는 '아무 것도 아닌'과 같은 말이 포함되어 있다면, 그것은 틀릴 가능성이 있으므로 이러한 절대적인 단어가 있는 답들을 피해라.

20 꿀이 있는 곳으로 안내하는 새
p. 28

1 아프리카에는 꿀잡이새라고 불리는 놀라운 새가 산다.
2 이 새가 무엇을 좋아하는지 추측할 수 있겠는가?
3 그 새는 혼자서는 꿀을 얻을 수 없지만, 어떻게 인간에게서 도움을 얻을지 안다.
4 일단 사람이 새를 보면 그것은 놀라운 안내 서비스를 시작한다.
5 그들이 그곳에 도착하면, 사람은 벌집 아래에 불을 지핀다.
6 사람은 꿀을 꺼낸다. 그러나 그는 그 새에게 꿀의 일부를 주는 것을 잊지 않는다.
7 아프리카 사람들은 그들이 이 호의에 보답하지 않으면, 좋지 않은 일이 일어날 것이라고 믿는다.

21 지구로 돌진하는 무서운 소행성
p. 29

1 그것은 미래에 일어날 수도 있다.
2 소행성은 지구처럼 태양 주위를 돌지만, 그것들은 지구보다 훨씬 작다.
3 다양한 크기의 소행성들이 수백만 개 존재하고 있다.

4 작은 소행성은 버스만큼 작지만, 큰 것은 대한민국만큼 클 수 있다.
5 그들은 그 소행성 충돌이 6만 개의 핵폭탄보다 더 강력할 수도 있기 때문에, 지구에 심각한 피해를 야기할 수 있다고 믿는다.
6 과학자들은 소행성의 지구 충돌 가능성은 매우 낮다고 (45,000분의 1) 말하지만, 여전히 걱정하고 있다.
7 그 소행성은 지구로 향하는 길에 다른 물체와 충돌할지도 모르며, 이것은 그것의 진로를 지구와 더 가깝게 바꿀지도 모른다.

UNIT 08

Word Practice
p. 30

A | 1 병, 질병　　2 갈아타다, 환승하다　3 부딪치다, 치다
4 소유하다　　5 세포　　　6 가라앉다
7 미국인, 미국적인　8 구명보트, 구조선　9 씨앗
10 모양, 형태　　11 여행, 여정　12 불행하게도
13 꼬리　　　14 노력　　　15 먹이다, 먹여 살리다
16 더 이상 ~가 아닌　17 자살하다　18 승선한, 탑승한
19 마치 ~처럼　20 엄청나게 많은

B | 1 rescue　　2 departure　3 unit
4 escape　　5 useless　6 room
7 free　　　8 iceberg　9 spread
10 field　　11 plant　　12 remarkable
13 childhood　14 affect　15 suddenly
16 get rid of　17 take one's place
18 manage to　19 thanks to
20 prevent A from B

22 스스로 죽는 세포들
p. 31

1 당신의 몸에는 엄청나게 많은 수의 세포들이 있다.
2 세포는 마치 사람이 그렇듯이 성장하거나 병든다.
3 그러나, 어떤 세포들은 다른 세포들을 도와주기 위해 자살한다는 것을 알고 있었는가?
4 어떤 세포들은 쓸모가 없게 된 신체의 일부분을 제거하기 위해 자살을 한다.
5 그러나, 개구리는 더 이상 꼬리가 필요하지 않다.
6 그렇게 해서, 그들은 바이러스나 질병이 퍼지지 못하게 한다.
7 이와 같이, 세포들은 우리의 몸을 위해 그렇게 놀라운 일을 할 수 있다.

23 타이타닉 호의 감동 실화
p. 32

1 불행히도, 출발 단 나흘 후에 배는 빙산과 충돌했고 가라앉기 시작했다.
2 그러나, 모든 사람들을 구조하기 위한 충분한 구명보트가 없었다.
3 여자와 아이들이 구명보트로 먼저 갈아탔다.
4 한 여자가 자기 아이들이 구명보트 타는 것을 도왔지만, 자신을 위한 자리가 없어 탈 수 없었다.
5 갑자기 Evans라고 불리는 한 젊은 여자가 일어나서 말했다. "제 자리에 타세요, 저는 자식이 없습니다."
6 그 젊은 여자는 가라앉고 있는 타이타닉호로 돌아갔고, 아이들의 엄마는 구명보트에 탔다.

24 사과를 사랑한 남자, 존 채프먼
p. 33

1 그들은 심지어 뉴욕 시를 '빅 애플(큰 사과)'이라고 부른다.
2 하지만 사과가 미국에서 항상 특별했던 것은 아니다.
3 Johnny의 꿈은 모든 곳에 사과나무를 심고, 다른 사람들과 사과를 즐기는 것이었다.
4 그 당시 사람들은 매우 가난했고, 많은 사람들에게는 먹을 음식이 충분하지 못했다.
5 다행히, Johnny는 사과 주스 생산자들로부터 애써 공짜 사과 씨를 좀 얻어 내어 그것들을 모두 심었다.
6 그는 그의 삶 중 49년을 이 일을 하는 데 보냈다.
7 그의 노력 덕분에, 사과나무는 곧 미국 전역으로 퍼져 나갔다.

UNIT 09

Word Practice
p. 34

A | 1 보통의, 평범한　2 사과하다　3 씹다
4 오해　　　5 증가시키다　6 감정
7 비난하다　8 뇌
9 본의 아니게, 무심코　10 상황, 처지　11 속상하게 하다
12 밀도가 높은　13 국경, 경계　14 혈류(량)
15 진정하다; 진정시키다　　16 제거하다, 없애다
17 수업 중에　18 입냄새　19 시험을 보다
20 A가 B에 미치는 영향

B | 1 improve　　2 describe　3 memorize
4 regret　　5 excuse　6 surface
7 suppose　8 bother　9 active
10 unpleasant　11 poor　12 emotional
13 yell　　14 lie　　15 survive
16 deal with　17 pull out　18 burst out
19 devide A into B　20 once in a while

25 껌을 씹으면 기억력이 쑥쑥!
p. 35

1 껌 씹기는 입 냄새를 제거하는 좋은 방법이다.
2 씹는 것은 사람들이 더 많이 기억하도록 도와준다.
3 어떤 과학자들이 껌 씹기가 사람의 기억력에 미치는 영향에 관한 실험을 했다.
4 그들은 사람들을 두 집단으로 나누었다.
5 한 집단은 2분 동안 껌을 씹었고, 다른 집단은 껌을 씹지 않았다.
6 과학자들에 따르면, 저작 활동(씹기)은 뇌로 가는 혈류량을 증가시키고 두뇌가 더 잘 활동하도록 만든다고 한다.
7 결과적으로, 사람들의 기억력이 나아진다.

26 세상에서 가장 짠 호수, 사해
p. 36

1 사해는 이스라엘과 요르단 사이에 있는 국경을 따라 위치해 있는 호수다.
2 그들은 심지어 물 위에 누워있는 동안 책도 읽을 수 있다.

3 사해는 낮은 땅 위에 있기 때문에 그것의 모든 물은 주변 지역에서부터 흘러 들어온다.

4 유일한 탈출법은 증발하는 것이다.

5 사실, 사해는 보통 바다보다 여덟 배 더 짜다.

6 이것이 물의 밀도를 더 높게 만들어 뜨는 것이 더 쉽다.

7 하지만, 그것의 매우 높은 염분 때문에, 사해에서는 어떤 동물이나 식물도 살아 남을 수 없다.

27 격한 감정은 가방에 넣어라!
p. 37

1 즉, 당신의 격한 감정들을 곧바로 처리하는 대신, 당신이 진정될 때까지 기다려라.

2 한 친구가 당신이 시험을 보기 위해 수학 수업에 가고 있을 때, 당신에게 불쾌한 말을 한다고 가정해 봐.

3 당신은 그에게 소리를 지르고 싶을 수 있지만, 만일 그렇게 하면 나중에 후회할 것이다.

4 그러나, 만일 당신이 계속 당신의 감정을 가방 안에 더한다면, 그것은 너무 꽉 차서 당신의 감정이 폭발할 수 있다.

5 이것은 당신이 누군가에게 이유 없이 화나게 만들 것이다.

6 가끔, 당신을 괴롭히는 가장 무거운 감정을 가방에서 꺼내서 처리하라.

7 그들을 비난하지 말고 당신이 어떻게 느꼈는지 말해라.

UNIT 10

Word Practice
p. 38

A | **1** (음식을) 소화시키다, 소화하다 **2** 해로운
3 (힘든 일에) 도전하다 **4** 액체의
5 노폐물, 쓰레기 **6** 거대한 **7** 온도, 기온
8 보통은 **9** 햇빛, 일광 **10** 병, 아픔
11 완전히 **12** 답례로, 보답으로
13 A를 B에게 공급하다 **14** ~을 받아들이다
15 영하의 **16** 안전지대 **17** 모험을 떠나다
18 간단히 말하면

B | **1** reflect **2** dangerous **3** temperature
4 experience **5** scenery **6** mind
7 average **8** stomach **9** frozen
10 host **11** melt **12** trillion
13 shark **14** get rid of[remove]
15 take part in **16** grow up **17** break down
18 fight off

28 화성, 제2의 지구
p. 39

1 신사 숙녀 여러분, 우리는 10분 후에 화성에 도착할 것입니다.

2 이것은 공상 과학 소설처럼 들리지만, 몇몇 과학자들은 이러한 일이 미래에 일어날 수도 있다고 생각한다.

3 현재 화성의 평균 온도는 영하 60도이다.

4 그 거울들이 햇빛을 화성 쪽으로 반사시킬 것이다.

5 그러면 화성은 인간들에게 충분히 따뜻해질 것이다.

6 또한, 거울에서 나오는 열이 화성의 얼음을 녹이고 인간들에게 신선한 물을 제공할 것이다.

7 만약 이것이 정말로 가능하다면, 사람들은 화성으로 이주할 수 있을 것이다.

29 상어와 인간의 공통점
p. 40

1 상어는 보통 바다에서 200에서 350 센티미터까지 자라난다.

2 그러나 그들이 작은 수조에 놓여지면, 완전히 성장했을 때에도 그들은 길이가 겨우 30 센티미터일것이다.

3 그것은 우리의 사고에도 마찬가지이다.

4 즉, 평범한 생각을 가지고 있는 사람은 수조에서 자라는 한 마리의 상어와 같다.

5 우리가 원대하고 어려운 생각을 받아들인다면, 우리의 사고는 대양에서 크게 성장하는 상어와 같이 열려 자라날 것이다.

6 만약 당신이 자라서 위대하게 되길 원한다면 당신의 안전지대를 떠나라.

7 당신 자신을 새로운 생각에 열어 두어라.

30 박테리아는 우리의 친구
p. 41

1 사실, 불과 10퍼센트만이 해로운 반면 90퍼센트의 박테리아는 이롭다.

2 우리가 태어나자마자 박테리아는 우리 인체의 모든 곳에서 자라기 시작한다.

3 모든 인간의 세포마다 10개의 박테리아가 있다.

4 보답으로, 박테리아는 우리 인체가 하는 거의 모든 활동에 참여한다.

5 예를 들어, 그들은 음식을 분해하여 소화시키도록 돕는다.

6 그들은 또한 노폐물을 제거하고 해로운 박테리아와 바이러스를 싸워 물리치는 것을 돕는다.

7 요컨대, 박테리아의 도움이 없다면 우리의 몸은 어떤 것도 할 수 없을 것이다.

UNIT 11

Word Practice
p. 42

A | **1** 반대; 반대의 **2** ~에 영향을 주다; 영향
3 과목; 화제, 대상 **4** 용인되는, 받아들여지는
5 휴식, 쉬는 시간 **6** 차용하다, 빌리다 **7** 숨 쉬다
8 비만의, 과체중의 **9** 받아들이다, 수용하다 **10** 교수
11 프랑스어; 프랑스인 **12** 눕다; 거짓말하다 **13** 널리
14 재미있는, 유머러스한 **15** 직접적인, 직접의
16 생기 넘치는, 활발한 **17** 체면을 잃다
18 실험을 실시하다 **19** 출입 금지 구역
20 역사를 통틀어, 예로부터

B | **1** measure **2** psychologist **3** imitation
4 difference **5** conversation **6** empty
7 expression **8** burn **9** phrase
10 exercise **11** translation **12** effect
13 perfectly **14** weakness **15** proper
16 gene **17** long time no see **18** get over
19 for instance **20** get results

31 중국에서 온 영어 표현들 p. 43

1 영어는 긴 역사를 통해 프랑스어와 라틴어에서 많은 단어들을 차용해 왔다.
2 영어는 또한 중국어의 영향을 받아왔지만, 이것을 아는 사람은 거의 없다.
3 예를 들어, 'long time mo see'는 중국어가 영어 관용구에 영향을 끼친 하나의 예다.
4 제대로 된 영어 문법에서 그 구는 '오랫동안 서로를 보지 못해 왔다'가 되어야 할 것이다.
5 이 표현은 미국에서 중국인들이 사용하는 틀린 영어의 재미있는 흉내로 시작되었다.
6 그러나, 지금 그것은 가장 흔히 쓰이는 영어 관용구 중 하나가 되었다.
7 그것들은 사실 중국어의 직역이다.

32 똑같이 먹었는데 왜 나만 살이 찌지? p. 44

1 한 교수가 이 질문에 답하기 위해서 실험을 했다.
2 그는 사람들이 칼로리를 어떻게 연소하는지 알고 싶었다.
3 하루 동안, 그 남자들은 아무것도 하지 않으면서 침대에 누워 있었다.
4 그들은 그저 숨만 쉬고 있었다.
5 Tim은 3,015 칼로리를 연소했으나, Bill은 겨우 1,067 칼로리를 연소했다.
6 교수에 따르면, 주요 원인들 중 하나는 그들의 유전자였다.
7 여러분은 운동과 식이 요법을 통해 여러분의 약점을 극복할 수 있다.

33 시험 공부, 어려운 과목을 먼저! p. 45

1 당신은 아마 쉬운 과목들로 시작해서 빨리 끝내고 나서 더 어려운 과목들로 옮겨가는 것이 낫다고 생각할지도 모른다.
2 당신의 위는 다시 비어지고 배고파지도록 휴식이 필요하다.
3 공부를 시작할 때, 당신의 뇌는 생기 넘치고 '배가 고픈 상태'이므로, 그것은 새로운 정보를 매우 쉽게 받아들인다.
4 당신이 공부를 더 할수록, 당신의 뇌는 가득 차서 더 이상 받아들일 수가 없다.
5 당신의 뇌는 이미 그 안에 들어가 있는 정보를 '소화'할 시간이 필요하다.
6 당신은 아마도 훨씬 더 좋은 결과를 얻을 것이다.

UNIT 12

Word Practice p. 46

A
1 검사하다
2 포함하다
3 승인, 허가
4 온순한
5 생생한, 흥미진진한; 다채로운
6 이상, 비정상
7 말하다, 진술하다
8 은밀히, 비밀로
9 견과
10 잔인한, 잔혹한
11 의견
12 묘지
13 기침하다
14 포르투갈의; 포르투갈어
15 겁먹은, 무서워하는
16 필요성
17 ~의 서식지, 본고장
18 천적
19 콧물이 흐르다

B
1 imagination
2 terrible
3 stupid
4 detail
5 hunt
6 remove
7 storyteller
8 protest
9 description
10 paradise
11 wrinkle
12 physically
13 immediately
14 cheerful
15 sailor
16 mathematical
17 eventually
18 feed on
19 come to a conclusion

34 훌륭한 스토리텔러가 되는 법 p. 47

1 좋은 이야기꾼들은 어떤 이야기도 흥미로워 보이도록 만들 수 있다.
2 그들은 당신이 마치 그 이야기 속에 있는 것처럼 느끼게 한다.
3 그들은 당신이 이야기의 주인공과 같은 느낌과 생각을 경험할 수 있게 한다.
4 당신은 활동 장면을 통해 이야기를 '보여줌'으로써 그리고, 맛과 소리와 같은 상세한 내용에 초점을 맞춤으로써 이렇게 할 수 있다.
5 예를 들어 "나는 감기에 걸렸다 (말하다)"라고 말하는 대신 "나는 기침을 했고 콧물이 하루 종일 흘렀다 (보여 주다)"라고 말해라.
6 이렇게 함으로써, 당신은 당신의 청중이 그들의 상상력을 이용하고 그들 스스로의 결론에 이르도록 한다.
7 당신의 청중도 그런 감정들을 신체적으로 느낄 수 있도록 생생한 표현들을 포함해라.

35 도도새는 왜 사라졌을까? p. 48

1 그들은 어떤 천적도 가지고 있지 않았기 때문에 아마도 그렇게 할 필요가 없었다.
2 그들은 단지 땅 위에 떨어진 과일과 견과를 먹었다.
3 그들은 인간을 본 적이 없었기 때문에, 선원들이 그들의 적이 될 수 있다는 것을 알지 못했고, 그래서 그들을 두려워하지 않았다.
4 이것이 그들이 그 새들을 '도도'라고 부른 이유로, 그것은 포르투갈어로 '바보'를 의미한다.
5 1681년 무렵, 지구상에서 마지막 도도새마저 사라졌다.
6 한때 도도새들의 서식지였던 모리셔스 섬은 이제는 '어리석게도' 선원들을 환영했던 그 온순한 새들을 위한 무덤이다.

36 아인슈타인 뇌를 몰래 훔친 과학자 p. 49

1 아인슈타인의 뇌는 보통 사람들의 것과 어떻게 다를까?
2 만일 당신이 스스로에게 이 질문을 한 적이 있다면, 당신만 그런 것이 아니다.
3 하지만 Harvey는 아인슈타인의 뇌에 대해 매우 궁금했고 끔찍한 일을 했다.
4 그가 한 일을 아인슈타인의 가족들이 알게 되었을 때 그들은 항의했다.
5 결국, Harvey는 가까스로 아인슈타인 아들의 승인을 얻어냈다.
6 그러나, 그는 마침내 그 뇌를 과학자들에게 넘겨줬다.
7 조사를 하자마자, 그들은 수학적 기술과 상상력을 담당하는 아인슈타인 뇌의 부분에서 특이한 것을 발견했다.

리·더·스·뱅·크 흥미롭고 유익한 지문으로 독해의 자신감을 키워줍니다.

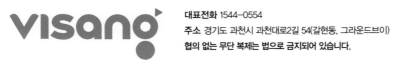

대표전화 1544-0554
주소 경기도 과천시 과천대로2길 54(갈현동, 그라운드브이)
협의 없는 무단 복제는 법으로 금지되어 있습니다.